한글판 STB 상생방송 『환단고기』 북콘서트

대한, 천지광명의 역사를 열다

미주편

STB상생방송 환단고기 북 콘서트 [미주편]

대한, 천지광명의 역사를 열다

발행일   2021년 10월 1일 초판 1쇄
저 자   안경전
발행처   상생출판
발행인   안경전
주 소   대전 중구 선화서로 29번길 36(선화동)
전 화   070-8644-3156
F A X   0303-0799-1735
홈페이지 www.sangsaengbooks.co.kr
출판등록 2005년 3월 11일(제175호)
ISBN   979-11-91329-15-5
        979-11-91329-13-1 (세트)

한글판 STB 상생방송 『환단고기』 북콘서트 미주편

대한, 천지광명의 역사를 열다

안경전 | 지음

천지 광명문화를 열어
'참나眞我'를 찾는 것, 이것이야말로
인류사 보편의 삶의 주제요 역사의 주제다!

상생출판

STB 상생방송에서 절찬리에 방영 중인 〈환단고기 북 콘서트〉 '미주 편'을 책자로 엮었습니다. 방송 내용을 책으로 엮으면서 일부 내용을 첨삭하였습니다.

주제	대한, 천지광명의 역사를 열다
일자 및 장소	L.A. 2013년 10월 13일(일요일), 가든스윗호텔 뉴욕 2013년 10월 20일(일요일) 대동연회장
주최	대한사랑, 한국청소년연맹 한민족 청소년 글로벌네트워크연구소,
주관	한국청소년 미주연맹
후원	STB상생방송, 상생문화연구소, 상생출판

"우리 인생의 궁극의 가치는 무엇일까요? 인생의 참된 목적은 무엇일까요?" 이 물음에 대한 동서고금의 현자들이 전해준 한 소식은 바로 '참 나, The True Self. 진아眞我를 찾으라!'는 것입니다.

천지 광명의 문화를 열어 참 나를 찾는 것! 이것이야말로 인류사 보편의 삶의 주제요 역사의 주제입니다.

〈환단고기 북 콘서트 미국편〉은, '대한, 천지광명의 역사를 열다'라는 주제로 인류문화의 뿌리가 광명으로부터 열렸고, 이 문화가 전 세계로 전파되었음을 밝혀주고 있습니다. 아울러 인류가 천지로부터 받은 광명을 열어 '참나'를 찾고 이 세상을 더욱 광명하게 만드는 길을 제시해 주고 있습니다.

주제	대한, 천지광명의 역사를 열다
일자	단기 4346년, L.A. 2013년 10월 13일(일요일), 뉴욕 2013년 10월 20일(일요일)
장소	L.A. 가든스윗호텔 뉴욕 대동연회장
주최	대한사랑, 한국청소년연맹 한민족청소년 글로벌네트워크연구소,
주관	한국청소년 미주연맹
후원	STB상생방송, 상생문화연구소, 상생출판

역주자 **안 경 전**安耕田

인류의 가장 큰 희망인 개벽문화를 선도하고 상생의 새 세계를 열기 위해 혼신의 힘을 기울이는 역주자는, 21세기의 중심 화두를 개벽과 상생에 두고 앞으로 열리는 가을철 후천 영성문화의 참모습을 전하는 저술과 강연활동으로 이 땅의 모든 사람들에게 참된 성공과 행복의 길을 열어주고 있다.

　　특히 역주자는 지난 30여 년간 각고의 노력으로 인류 시원문명의 원전이자 한민족 신교문화의 경전인 『환단고기』 역주본을 출간하고, 전국 대도시와 세계 주요 도시를 순회하며 우리의 국통맥을 바로잡는 〈『환단고기』 북 콘서트〉를 통해 민족의 자긍심을 드높이고 있다.

　　환국, 배달, 조선 이래 민족의 모태종교인 신교神敎의 맥을 이은 증산도 진리의 대중화와 세계화를 위해 1998년 증산도 상생문화연구소를 개설하였고, 2007년 한韓문화 중심채널인 STB상생방송을 개국하여 민족문화 창달에 힘쓰고 있다.

세계의 문명을 선도하고 있는 미국! 세계사의 중심축은 경제력과 군사력, 그리고 문화의 패권을 누가 갖고 있느냐에 따라 역사적으로 변화해 왔습니다. 이미 19세기 후반부터 이 축은 서양으로부터 동북아로 옮겨가기 시작했습니다. 뉴욕과 LA는 동방의 정신문화가 태평양을 건너 미국에 전수되는 관문 역할을 해왔습니다. 이곳에서 개최되는 〈환단고기 북 콘서트〉는 역사의 왜곡을 바로잡고 천지 광명의 역사를 열고자 하는 우리의 노력에 큰 의미를 부여할 것입니다.

동북아 한민족의 창세 역사와 시원 문화는 물론 세계사의 출발점이 어디인가? 이 두 가지를 동시에 밝혀줄 수 있는 유일한 문헌이 바로 『환단고기』입니다. 『환단고기』는 그 어느 역사서에서도 밝혀내지 못한 내용을 담고 있습니다. 따라서 『환단고기』의 정수를 제대로 알 때, 전 세계의 혼돈스럽고 밝혀지지 않은 역사의 진실을 꿰뚫게 될 것입니다.

우리 한국의 역사는 일본 제국주의의 의도적이고 조직적인 말살과 왜곡으로 너무도 많이 잘못 알려져 있습니다. 조선총독부에 의해 강제로 불태워진 20만여 권의 역사문화 서적! 그리고 조선총독부의 직할기관인 조선사편수회에서 만든 방대한 『조선사』! 피정복민의 역사를 정복민이 친절히 정리를 해주고, 그 일을 맡았던 역사학자들의 계보가 꾸준히 우리의 교육을 좌지우지한, 계산된 철저함의 결과 지금 우리는 완전히 역사를 잃어버린

민족이 되었습니다.

　다행스럽게도, 그 어렵고 숨 막히는 환경 속에서 가느다랗게 명맥을 이어 온 『환단고기』가 세상에 드러나면서 잃어버린 고대의 역사가 다시 서서히 빛을 낼 수 있게 되었습니다. 그 빛은 너무도 밝은 광명의 빛입니다. 이로써 일본이 숨기려고 했던 과거가 드러나고 중국이 열을 올리고 있는 역사공정의 오류가 민낯을 드러내게 된 것입니다.

　그리고 새로이 정립된 역사적 사실들은, 단순히 우리 민족의 역사만이 아니라 우리 민족이 전 세계로 뻗어 나간 흔적을 찾을 수 있는 단서를 제공해주고 있습니다. 중국 문화의 근원이 동이 문화이고, 아메리카의 인디언 문화, 서양 문명의 근원인 수메르 문화, 유대 문화 등등이 그 뿌리를 같이하고 있다는 것을 알게 되었습니다.

　우리는 지금 역사 개벽의 시대에 와 있습니다. 우리 역사문화를 되찾지 않고서는 결코 선진국이 될 수 없습니다. 지구촌 문화의 중심축으로서 세계 문화를 선도하는 역할을 맡기 위해서는 우리 스스로 깨어나야 합니다. 천부경의 심오한 철학을 정신문명의 근본으로 두고 있는 우리 한민족이 이제는 세상을 이끌어가야 합니다. 이제야 드러난 우리 역사의 진정한 모습을 만나보고 앞 세상을 끌고 갈 동력을 찾으시길 바랍니다.

환기 9218년, 신시개천 5918년, 단군기원 4354년,

서기 2021년 9월

역주자 **안 경 전**安耕田

제2부
한민족 문화역사의 고향을 찾아서

제3부
인류 원형문화를 간직한 동서양의 유적과 문화코드

달 피라미드
멕시코시티 북동쪽의 테오티우아칸

제1부

미주(LA. 뉴욕) 편

대한,
천지광명의
역사를 열다

잃어버린 한민족 원형문화를
찾아야 한다

오늘 『환단고기』 출간 100주년을 맞이하면서 사단법인 대한 사랑과 한국 청소년 연맹에서 우리 한민족의 잃어버린 역사와 문화를 되찾는 소중한 자리를 마련해주신 데 대해서 말할 수 없는 기쁨을 느끼면서 감사함을 전하고자 합니다.

또 우리 한韓문화 한韓사상을 평생 공부하시고 기념비적인 작품을 내주신 김상일 교수님, 박준환 이사장님, 동북아 역사의 진실을 처음으로 지구촌 지성계에 새롭게 선언한 이홍범 박사님, 또 함께 와주신 새뮤얼 스톰 회장님께 감사의 말씀을 전하고자 합니다.

그리고 오늘 이 자리에 참여해주신 모든 분들에게 감사의 말씀을 전합니다.

동방문화, 동북아 역사의 주인은 누구인가

결론부터 말해서, 결론은 역사 전쟁입니다! 문화 주도권 전쟁입니다! 동東의 주인은 누구인가, 동방문화東方文化의 주인은 누구인가를 판가름 짓는 문화주도권 전쟁입니다!

세계사의 중심축은 이미 19세기 후반에 이동하기 시작했습니

> 결론은 역사 전쟁
> 문화주도권 전쟁

다. 동북아로 새 역사의 중심축이 옮겨가기 시작했습니다. 바로 이 곳 LA와 샌프란시스코는 동방의 정신문화가 태평양을 건너 미국에 전수되는 관문 역할을 해왔습니다.

동방의 현자들이 전해준 고귀한 한 소식의 최종 결론은 무엇인가? 그것은 '참 나, The True Self. 진아眞我를 찾아라!'입니다. 이것은 우리 인생의 궁극의 삶의 가치이자 목적이 아닐 수 없습니다.

저는 오늘 교민 여러분들과 또 미주 각지에서 소중한 시간을 내주신 모든 분들께 이제까지 이곳 미국이나 서구사회에서 일찍이 들어보지 못한 동방 문화 역사의 정수에 대해서 한 소식을 전해드리고자 합니다.

우리는 왜 역사를 알아야 할까요? 특히 우리는 왜 시원始原역사를 바르게 알아야 할까요? 시원역사는 우리들의 삶의 출발점, 그리고 내일을 밝히는 문제 해결의 가장 소중하고 결정적인 나침반입니다. 때문에 민족과 인류의 시원역사를 제대로 꿰뚫는 것이 우리 인류의 삶에 결정적인 영향을 준다고 모든 지성인들이 외쳐왔습니다.

그런데 인류사의 여러 문제 가운데 가장 중요한 한 가지 문제는 동북아 역사의 진실, 곧 한민족과 인류사의 출발점을 우리 한민족은 물론 지구촌 인류가 모두 잘못 알고 있다는 것입니다. 역사의 중

동북아의 역사 진실을
그 중심에 살고 있는 한민족은 물론
인류가 지금 이 순간까지 잘못 알고 있다.

심축은 동북아로 이미 두 세기 전부터 옮겨가기 시작했는데, 그 중심에 살고있는 우리 한민족은 물론 인류 전체가 동북아의 역사 진실을 지금 이 순간까지 잘못 알고 있습니다.

대한, 천지광명의 역사를 열다

본래 〈『환단고기』 북 콘서트〉를 구성할 때, 저 자신도 모르게 "일관된 역사의 근본 주제를 무엇으로 잡아야 하겠는가?" 하는 생각을 마음속으로 해보았습니다. 궁극의 깨달음은 '천지 광명의 역사를 여는 것'이니 '천지 광명의 역사를 열다'로 잡아봤습니다. 그런데 앞에 뭐가 빠진 것 같아서 산책을 하면서 쭉 생각을 해보니, 마치 하늘에서 이렇게 말하는 것처럼 느껴졌습니다.

"대한, 천지광명의 역사를 열다!"

가정에서나 또는 공동체 사회에서, 동에서 서에서 누구를 만나든 역사의 과거와 현재와 미래를 통관해서 '이 주제만이 진정한 인류 보편사의 삶의 주제, 역사의 주제가 되겠구나' 하는 생각을 해보았습니다.

한민족의 창세 역사와 시원문화는 물론 세계사의 출발점을 밝혀주는 문화 원전 『환단고기』

인류 창세역사와 한민족 9천년사의 국통맥國統脈을 바로 세우는 인류 원형原形문화의 원전原典!

그래서 오늘 '천지 광명의 역사'를 주제로 이야기할까 합니다.

동북아 한민족의 창세 역사와 시원문화는 물론 세계사의 출발점이 어디인가? 이것을 동시에 밝혀주는 지구촌 역사의 유일한 역사문화 원전인 『환단고기』, 그 정수를 간결하게 살펴봄으로써 동북아시아의 역사의 어두움과 근원적 갈등을 거두고, 우리 삶에서 진정한 새 역사의 문을 여는 가장 아름다운, 결정적인 시간이 되기를 소망합니다.

진정한 한국인이 되는 길

제가 평생동안 독방에서 우리 역사문화의 뿌리를 찾는 은둔자의 삶을 살다가 벗어난 지 이제 한 100일이 채 되지 않았습니다. 2012년에 『환단고기』 완간본이 출간되고 또 각지에서 "우리 어린이들과 청소년들 그리고 일반인들이 쉽게 읽을 수 있는 책을 좀 빨리 내달라."고 요청하여 그 작업을 계속했고, 서울 코엑스 세계 도서전시회 때 마침내 그 책들을 출품하고 이제 조금 여유를 찾게 되었습니다.

「환단고기」를 출품한 서울 국제도서전 / 2013년 6월 서울 코엑스COEX

그런데 미국에 와서 보니 더 심각한 권유를 하는 것입니다. 우리 아이들, 지금 1.5세대, 2세대 한국의 청소년, 또 일반인들도 우리의 문화와 역사를 모른다는 것입니다. 그것이 너무 심각하기에 시간이 흐르면 흐를수록 더 심해진다는 것입니다. 몇 년 전에 KBS 특집 방송에서도 나왔었는데, 미국의 한인 청소년이나 젊은이들이 돈을 벌고 소위 미국 사회에서 출세를 했어도 실제 자기들끼리 술을 마시면서 이야기를 해보면 '우리는 한국인이 아니다. 동시에 미국인도 아니다. 우리는 어중간한 사람이다'라고 한답니다. 한마디로 '근본을 잃어버렸다. 뿌리를 잃어버렸다.'라는 말입니다. 이것을 바로 세울 수 있는 것은 권력도 아니요, 명예도 아니요, 지식도 아닙니다. 그것은 오직 하나, 바로 우리들의 문화와 역사의 근원을 찾는 것입니다. 우리를 진정으로 하나 되게 할 수 있는 것은 오직 하나밖에 없습니다. 우리 역사의 진실을 아는 것!, 우리 역사의 뿌리를 아는 것입니다.

왜곡된 한국사의 현주소와 원형문화를 찾는 길

소주제 1

한국사의 현주소와 중국 · 일본의 역사왜곡

오늘 저는 이곳 새 희망의 도시 뉴욕에서 이 문제를 세 가지로 정리해 보고자 합니다. 첫째는 무엇보다도 우리 한국사의 현주소가 무엇인가? 동양과 서양에서 한국 역사를 볼 때, 지구촌 사람들의 눈으로 한국사를 볼 때, 다시 말해서 **한국을 벗어나서 세계 70억 인구가 우리 한국의 역사를 어떻게 보고 있는가,** 이것입니다.

한중일, 또 세계사에서 가르치고 있는 한국의 역사는 총몇 년인가요? 일본사는 몇 년인가요? 중국사는 몇 년인가요? 알고 싶지 않나요?

우리 한국사의 현주소, 그 결론이 무엇입니까? 한국의 사학자들은 우리 역사가 2,200년이며, 위만조선이 단군조선을 계승했다고 합니다. 그리고 단군조선은 신화라는 것입니다.

대한민국 사람들이 초·중·고등학교를 다니면서 배운 역사의 결론은 '고조선은 신화다!' 이것입니다.

그럼 일본은 몇 년입니까? 일본이라는 나라 이름은 친정집 백제가 망하고 나서 '해가 뜨는 뿌리다. 일출지본야日出之本也라' 해서 '일본日本'으로 정했습니다. 그러면서 일본의 1,300년 역사를 두 배로 잡아 늘려서 **2,600년**이라고 주장합니다.

중국의 역사공정歷史工程

황제 헌원
(BCE 2692~BCE 2593)
중화 한족의 역사 시조

그럼 중국사는 어떻습니까? 중국사에서는 중화 한족의 역사 시조를 **4,700년** 전의 황제 헌원黃帝軒轅이라고 합니다.

공산당 정권이 수립되고 나서 하상주夏商周, 하나라-상나라-주나라 3대 고대 왕조사를 점검합니다. 소위 **하상주단대공정**夏商周斷代工程*이라고 하는데, 지금으로부터 한 세대 전에 하나라 왕조의 유적지를 파보니 그때 대홍수의 흔적이 나왔습니다. 하나라가 실존했다는 것이죠. 그리고 그전에 요임금 순임금, 거슬러 올라가서 4,700년 전의 황제 헌원부터 역사가 시작되었다고 그들은 주장합니다.

더 나아가서 강택민江澤民 중국 공산당 지도부 이후 역사 교육이 한층 더 강화되면서 중국의 역사는 그것뿐만이 아니고 한의원에 가면 볼 수 있는 5,200년 전 의학의 아버지 신농씨神農氏도 중화문명의 역사라고 주장합니다.

또 이것도 부족한지 우리 대한민국의 태극기의 기원인, 5,500년 전에 주역 팔괘를 그린 태호복희씨太皞伏羲氏도 중화문명의 조

---

* 하상주단대공정夏商周斷代工程 : 1996년부터 2000년까지 중국의 제9차 경제·사회 5개년 계획의 하나로 정부 차원에서 진행된 연대학年代學 연구 사업. 역사학, 고고학, 천문학 등의 연구 방법을 종합하여 연대年代가 분명하지 않던 기원전 841년 이전의 하夏, 상商, 주周 시대의 연표年表를 확정하였다.

염제 신농씨
(BCE 3218~BCE 3078)

중국은 5천2백 년 전, 의학의 아버지 신농씨를 중화문명의 역사로 편입시켰다.

태호 복희씨
(BCE 3528~BCE 3413)

팔괘를 처음 그린 5천 5백 년 전 동방 사람 태호복희씨도 중화문명의 조상으로 편입상이라고 주장합니다. 이제 5,500년까지 올라간 것입니다.

그러면서 지난 한 세기 전, 정확하게는 1920년대부터 프랑스 사람에 의해서 발굴되기 시작한, 이것은 중국의 만리장성을 경계로 하는 중국 한족문화권의 동북아 국경 바깥인데요, 바로 그곳에서 소위 제 5의 문명이라고 하는 홍산문화紅山文化, 또는 요하문명遼河文明이 발견되었습니다. 이것을 북방 문명이라고 합니다. 한국의 이형구 교수 같은 분은 발해연안에서 나왔기 때문에 발해연안문명, 또는 발해문명이라고 이름 붙였습니다.

여기에서 5,500년에서 약 6천 년이 넘어서는 동북아 시원 문명의 유적지가 나왔습니다. 축구장 크기만 한 거대한 고대 유적지 원형이 있는 그대로, 누가 손 하나 대지 않은 역사 유적이 송두리째 드러났습니다. 소위 총묘단塚廟壇*, 무덤과 여신을 섬긴 사원과

* 총묘단塚廟壇 : 적석총[塚]과 신전[廟]과 제단[壇]

제5의 문명, 홍산문화

흉노
북방유목 문화
오르도스
만리장성
홍산문화
탁록
북경 갈석산
배
달
황
하
황하문명

제단이 나온 것입니다.

약 90년에 걸쳐서 진정한 지구촌 문명의 원형이 나왔습니다. 20세기 역사학계, 세계 고고학계에서 가장 충격적인 발굴 대사건입니다.

이곳은 철광석이 많아서 산이 저렇게 붉습니다. 그래서 홍산紅山입니다.

그런데 중국 정부가 발칵 뒤집어졌습니다. 왜냐하면 중국 문화의 상징이 용인데, 홍산유적지에서 용문화의 원형이 나왔기 때문입니다. 무려 7천년 이전의 용문화의 원형이 나온 것입니다. 또 동시에 봉황문화가 나왔습니다. 용봉이 같이 나온 것입니다.

바로 여기에서 중국 정부는 최후의 야심작으로 우리 한민족 역사의 뿌리를 완전히 끊어버리고 중화문명권으로 소유권을 장악하려는 거대한 국가 프로젝트, 소위 동북공정東北工程을 시행하게 됩니다.

홍산紅山문화는 20세기 고고학계의 가장 충격적인 발굴 대사건

묘廟
(사원)

우하량 제1지점의 여신전 터 (1984년 발굴)

단壇
(제단)

총塚
(무덤)

제천단과 무덤이 나란히 발굴된 우하량 제2지점(1983년 발굴)

사해문화 유적의 돌로 쌓은 석소룡(7,600년 전)

↓

중국문화의 상징, 용문화의 원형이 나옴

조보구문화 유적의 봉 형상 토기(7,000년 ~6,400년 전)

　그로부터 한 세대가 흘렀습니다. 그런데도 우리 대한민국 정부와 강단사학계는 지금 중국의 주장에 발을 맞추고 있습니다. 결론은 '우리 한국의 역사는 기껏해야 2,200년이다. 청동기 역사 기원을 국가 성립사로 잡으니 최대한 올려 잡아야 2,700년을 넘지 않는다.'라고 말하고 있습니다. 한 마디로 우리 대한민국 역사는 3천 년이 안 된다는 것입니다.

　중국의 전문 역사학자들이 이구동성으로 뭐라고 합니까? 그들은 중국 한족의 역사 시조 황제헌원과 의학의 아버지 염제신농씨와 철학의 아버지, 인류 문명의 아버지라고 하는 태호복희씨를 동이족東夷族이라고 말하고 있습니다. 하남성 회향현淮陽縣을 가보면, 정말로 거대한 궁전을 지어놓고 중국의 정치 지도자들이 태호복희씨를 '인

문지조人文之祖', 인류문명의 조상이라 하여 모시고 있습니다.

제가 그 태호복희 사당을 갔을 때, 정문 앞 넓은 광장에서 입구에까지 궁전에 들어가기 위해 중국 전역에서 온 사람들이 물

하남성 회양현 태호 복희씨 사당

결치고 있었습니다. 사당 안에는 거대한 태호복희씨의 금상이 아주 위풍당당하게 잘 세워져 있는데, 그분의 가슴에는 팔괘를 새겨서 모셔놨습니다.

중국의 역사전문가들이 한 사람도 예외 없이 '황제헌원, 염제신농, 태호복희, 이분들이 다 동이족이다, 동방 사람이다.'라는 주장을 지금도 외치고 있습니다.

일본과 한국의 국호 1호로 본 역사 인식의 현주소

반면에 우리 한국의 역사 인식의 수준은 어떻습니까? 그 현주소는 무엇입니까?

이에 앞서 먼저 일본으로 잠깐 가보겠습니다.

일본의 국보 1호가 무엇입니까? 일본 교토京都에 가면 광륭사廣隆寺, 일본 말로 호류사라고 하는 절에 일본의 국보 1호인 미륵보살반가사유상이 있습니다. 신라에서 들여온 이 불상을 교토 호류사에 안치하여 지금까지 일본의 국보로 모시고 있습니다.

독일의 철학사 야스퍼스(Jaspers)는 이렇게 말했습니다. "진실로 인간 실존의 최

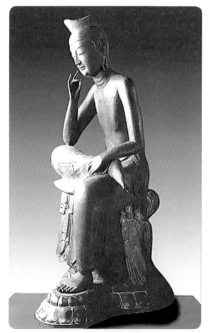

일본 국보 제1호 미륵보살반가사유상. 신라에서 들여 와 교토 광륭사廣隆寺에 안치됨.

고 경지를 조금의 미혹도 없이 완벽하게 표현했다." '지난 30년 동안 동서고금의 뛰어나다고 하는 모든 조각물과 예술품을 보아왔다, 하나같이 다 껄이 안 벗어졌는데 오직 미륵반가사유상만이 모든 것을 초탈했다.'라고 한 것입니다.

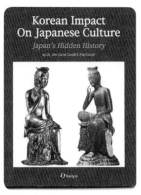

『Korean Impact on Japanese Culture』(한국이 일본 문화에 끼친 영향), 1984년 출판

일본에 가서 평생 미술사를 공부한 존 카터 코벨 박사가 아들 앨런 코벨과 함께 한국에 와서 다시 한국미술사를 공부했습니다. 왜냐하면, 일본 문화, 일본 미술의 근원이 한국이라는 것을, 그 문화의 고향이 한국이라는 것을 깨달았기 때문입니다. 그렇게 연구한 것을 영문잡지와 신문에 기고했는데 한국의 강단사학계와 일부 문화인들이 그것을 거짓말이라고, 과장된 해석이라고 압력을 넣어서 신문 기고를 한때 멈추기도 했습니다.

존 코벨Jon Covell(1910~1996)과 그녀의 아들 앨런 코벨Alan Covell

그러면 우리나라의 국보 1호는 무엇입니까? 상식적으로 다 알고 있지요. 대한민국의 국보 1호는 **숭례문**崇禮門입니다. 쉬운 말로 **남대문**입니다. 그런데 왜 남대문이 국보 1호이고, 누가 남대문을 그렇게 정했는지 알고 계시나요?

바로 1930년대에 <u>일본 식민지 총독부 소속의 명승지 고적답사대가 지정한 것입니다</u>. 그럼 왜 남대문을 국보 1호로 정했느냐? <u>임진왜란 때 왜군의 선봉장 가토 기요마사</u>加藤淸正<u>가 한양에 입성할 때 이 문을 통해서 들어왔다고 합니다.</u> 왜군에게는 전쟁에서 승리한 개선문인 것입니다. 그래서 조선을 침탈하고 지배하는 데 역사적

임진년(1592) 조선침략 때 가토 기요마사(加藤淸正)가 남대문을 통해 한양에 입성,
일제는 남대문을 개선문으로 여겨 '조선 보물 1호'로 지정(1934년)
이것을 그대로 답습, 대한민국 정부는 남대문을 '국보 제1호'로 지정(1962년)

의미가 있다, 그런 이유로 남대문을 국보 1호로 정한 것입니다. 그것을 한국 정부는 지금까지도 그대로 계승하고 있습니다.

2008년도 2월에 방화로 인해 남대문이 전소된 사건이 있었습니다. 아마 하늘이 이것을 미워해서 불타게 만들었을 것인데, 근 300억을 들여서 최근에 복원했습니다. 이를 볼 때, 대한민국에는 역사의 정의에 대해 제대로 된 가슴을 가진 정치인이 과연 있는지 생각해보지 않을 수 없습니다.

일제 식민사학의 여독에 헤매고 있는 한국인

1876년 불평등 조약인 강화도조약을 일방적으로 맺은 이후, 일본 제국은 한반도를 강제 침탈하면서 우리 조선민족 800만 명을 무참하게 학살했습니다. 그리고 최종적으로는 한민족의 역사의 뿌리를 말살했습니다.

일제의 초대통감 이토 히로부미, 이등박문伊藤博文이 1905년에 을사늑약을 맺을 때 통감으로 와서 결론을 내린 것이, '조선 민족을 영원히 지배하기 위해서는 역사의 뿌리를 말살해야 된다!' 바로 이것이었습니다. 그렇게 해서 1925년에 과업을 수행하기 위해 일왕의 특명으로 〈조선사편수회〉를 독립기관으로 개편하고 본격적으로 우리 역사를 조작하기 시작했습니다.

초대통감 이등박문伊藤博文
(1841~1909)
한민족 문화·역사 말살의 배후
인물

조선사편수회 朝鮮史編修會

일제가 한국역사를 그들의 통치목적에 부합되도록 편찬하기 위해 설치한 한국사 연구기관. 일제의 조선사료 강탈기간 중이던 1916년 1월, 중추원 산하 조선반도사편찬위원회로 발족하여 1922년 12월에 조선총독부 산하 조선사편찬위원회로 바뀌었다. 조선사편찬위원회는 일본 민족의 우위성을 고취하고 역사교육을 통해 한국민의 민족의식을 배제하고자 설립되었다. 그러다 학문적으로 더욱 권위 있는 기구로 만들기 위하여 1925년 6월에 일왕의 칙령에 의해 조선사편수회로 명칭을 바꾸고 독립된 관청으로 격상되면서 조직이 확대 개편되었다. 1910년 11월부터 1937년까지 27년간 전국을 누벼 조선사료를 광범위하게 수집했고, 전국의 도·군·경찰서 등 관청에 협력할 것을 강력히 지시했다. 1932~1938년 식민사관에 바탕한 『조선사』(37책), 『조선사료총간朝鮮史料叢刊』(20종), 『조선사료집진朝鮮史料集眞』(3책) 등을 간행하였다. 특히 일제는 '단군조선'을 없애려고 편찬기구의 개편 때마다 한국사의 상한선을 아래로만 끌어내렸다. 『조선사』 편찬 초기부터 16년 2개월간 앞장서서 관여했던 일본인 이마니시今西龍는 단군조선을 신화로 왜곡하고 한국사를 왜곡·말살하는 데 주도적인 역할을 했다.

그래서 거금을 들여서 『조선사』 37권을 썼는데, 우리 고대사는 다 제거하고, 우리 한국인의 역사 근원, 뿌리를 다 뽑아버리고 근대사 중심으로 서술했습니다. 우리가 우리 손으로 우리 역사를 쓰지를 못한 것입니다. **우리의 강토와 역사와 문화의 혼을 파괴한 일본 제국에 의해서 우리 역사가 쓰여졌다**는 것입니다.

우리 손으로 역사를 쓰지 못했다!
우리 강토와 역사와 문화의 혼을 파괴한
일본 제국에 의해 우리 역사가 쓰여졌다!

그런데 그 역사를 교과서 마냥 그대로 반복하고 답습하고 있습니다. 해방 이후 70년이나 지난 21세기 초엽인 지금 이 순간까지 초중고등학교, 대학교에서, 대한민국의 육해공군 군인들, 국가공무원들이 마치 착실한 어린이마냥 그대로 받아쓰기를 하고 있습니다. 그 왜곡 조작된 교과서에 나오는 대로 단군은 신화이고, 그 단군조선을 위만조선이 계승했고, 중국 한나라를 세운 고조 유방劉邦의 후손인 한무제가 쳐들어와서 네 개의 식민지군을 건설했고, 그것이 바로 한반도 북한의 평양 부근에 있었다고 하는 소위 낙랑, 임둔, 진번, 현도라는 한사군이었고, 그런 식민지 역사에서 한민족의 역사가 시작됐다는 것을 그대로 답습하고 있습니다.

【 한국 초·중·고·대학교 역사교육의 현주소 】
"한민족 역사는 중국 식민지로서
위만조선과 한사군에서 시작됐다"

결론은, 우리 한민족은 본래 주인 역사가 없고, 중국의 식민지인 위만조선이나 한사군 역사에서 시작됐다는 것입니다. 그전에, 초등학교, 중고등학교 역사 교과서에서 '고조선은 신화다'라고 하다가 어느 날 갑자기 "서기전 2333년에 단군왕검이 아사달에 조선을 세웠다. 옛조선을 건국했다"라고 합니다. 처음에는 "단군이 고조선을 건국하였다고 한다"라고 했습니다. 그런데 지금도 조사를 해보면 두 개의 고등학교 교과서가 아직도 그런 표현을 쓰고 있습니다.

"고조선은 단군왕검이 **건국하였다고** 한다"

(고등학교 『한국사』 (주) 지학사, 2012)

"단군이 고조선을 **건국하였다고** 한다"

(고등학교 『한국사』 천재교육, 2012)

어찌 되었든 **공식 입장은** 그것이 '신화'라는 것입니다. 그래서 대한민국의 소위 배웠다고 하는 사람들이 자기도 모르게 본능적으로 무엇이라고 말합니까? 그들은 대한민국 국민의 역사 현주소에 대해 "고조선은 신화다. 우리 역사는 기껏 2천 년이다."라고 합니다. 우리가 역사를 전해 준 일본조차도 3천 년이라고 하는데 말입니다.

【 대한민국 역사교육의 현주소 】
"고조선은 신화다"
"우리 역사는 겨우 2천여 년"

일제강점기에 우리 동포 800만 명이 무참하게 학살당했습니다. 박은식 선생이 쓴 **눈물의 역사서** 『한국독립운동의 **혈사**韓國獨立運動之血史』를 보면, 어떤 형제가 아버지 제사를 모시기 위해서 들판을 달려가다가 일본 군인에게 들켜서 그 자리에서 도륙을 당하기도 하고, 일본 군인들은 장도로 임신한 여인의 배를 가르고 태아까지 생명을 끊는 만행을 저질렀습니다. 그렇게 800만 명이 죽었으며, 그 최종 과정에서 역사가 말살됐는데, 그런 식민역사의 덫에 걸린 한민족은 강단사학자들이 조작한 그 역사 악보를 따라서 잘못된 역사를 열심히 이 순간까지 합창하고 제창하고 있습니다!

『한국독립운동의 혈사韓國獨立運動之血史』
박은식(1859~1925)이 일제의 악행과 조선의 항일운동 역사를 모아 3·1운동 이듬해(1920)에 출판함

오늘 이 자리에는 이런 역사의 불의를 바로 세우고자 하는 주인공이 함께하고 있다고 굳게 믿는 바입니다.

박은식朴殷植

1859-1925. 조선 말기, 일제강점기의 학자, 언론인, 독립운동가. ≪대한매일신보≫와 ≪황성신문≫을 비롯하여 다수의 신문과 잡지들에 나라를 위한 논설을 쓰고, 애국계몽사상가로서 커다란 영향을 끼쳤다. 저서로는 「동명성왕실기東明聖王實記」·「발해태조건국지渤海太祖建國誌」·「명림답부전明臨答夫傳」·「천개소문전泉蓋蘇文傳」·「대동고대사론大東古代史論」, 「한국통사韓國痛史」, 「한국독립운동지혈사韓國獨立運動之血史」 등이 있다.

전 세계 교과서가 전하는 한국사의 현주소

한국사의 현주소를 우리가 좀 더 실감나게 정리해 봅시다. 먼저 지금의 미국 교과서를 보면 이렇게 되어 있습니다.

중국의 국가 영토를 처음으로 가장 크게 넓힌 왕이 진시황이다. 그 진나라의 이름에서 가져와 영토적으로 '차이나China'라 하고, 한고조漢高祖 유방劉邦이 천하를 쟁패하여 통일했으니 한나라야말로 중국문화의 한 근원이다. 이것을 상징하여 자기들의 신원을 말할 때 '한족漢族'이라고 한다는 것입니다.

국명 **차이나 China**
'진秦'나라(BCE 221 ~ BCE 206)에서 유래

민족명 **한족漢族**
'한漢'나라(BCE 202 ~ BCE 220)에서 유래

여기 미국 교과서에 실린 한나라 지도를 보세요. 한강 유역까지 한나라의 영토로 표시가 되어 있습니다. 우리나라의 절반이 중국 한나라의 식민지였다는 것입니다. 이런 사실이 전혀 없는데 말입니다. 이것이야말로 완벽한 역사 조작입니다.

그다음 칭기즈칸의 후예가 세운 세계적인 대제국 원元나라가 있는데 당시 영토를 보면, 우리나라가 100% 식민지로 나옵니다. 원나라의 식민지로 말입니다. 우리나라가 고려 말 충렬왕 때부터 황제라 부르지 못하고 왕으로 낮춰 부른 적은 있어도 나라를 완전히 뺏긴 적은 단 한 번도 없었습니다. 따라서 이것은 100% 역사 조작입니다.

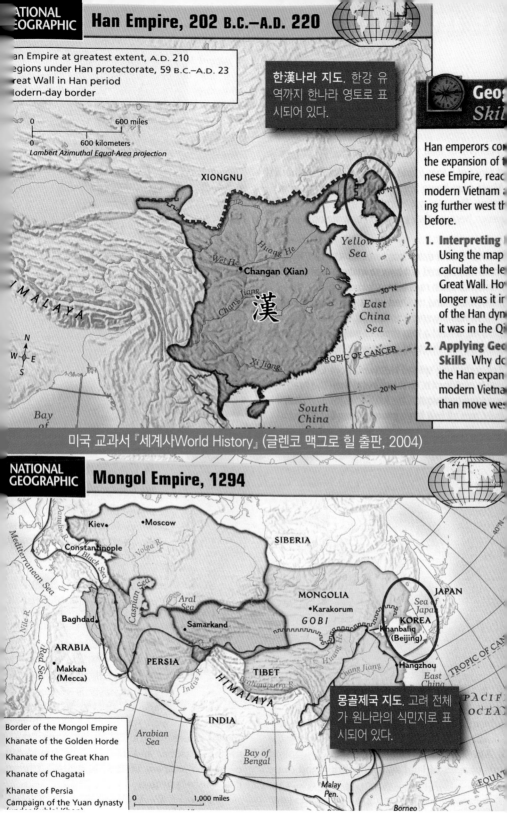

한漢나라 지도. 한강 유역까지 한나라 영토로 표시되어 있다.

an Empire at greatest extent, A.D. 210
egions under Han protectorate, 59 B.C.–A.D. 23
reat Wall in Han period
odern-day border

0   600 miles
0   600 kilometers
Lambert Azimuthal Equal-Area projection

XIONGNU

IMALAYA

N
W   E
S

Wet He
Huang He
Chang Jiang
Changan (Xian)
漢
Xi Jiang

Yellow Sea

East China Sea

TROPIC OF CANCER

South China Sea

Bay of

Geo
Skil

Han emperors co
the expansion of t
nese Empire, reac
modern Vietnam a
ing further west th
before.

1. **Interpreting**
Using the map
calculate the le
Great Wall. Ho
longer was it in
of the Han dyn
it was in the Qi

2. **Applying Geo
Skills** Why do
the Han expan
modern Vietna
than move wes

미국 교과서 『세계사World History』 (글렌코 맥그로 힐 출판, 2004)

Mongol Empire, 1294

Danube R.
Mediterranean Sea
Kiev
Moscow
Constantinople
Black Sea
Volga R.
SIBERIA
Aral Sea
Caspian Sea
MONGOLIA
Karakorum
GOBI
JAPAN
Sea of Japa
KOREA
Baghdad
Samarkand
Khanbaliq (Beijing)
Nile R.
ARABIA
Red Sea
Makkah (Mecca)
PERSIA
TIBET
HIMALAYA
Indus R.
Brahmaputra R.
Huang He
Chang Jiang
Hangzhou
East China
PACIF
OCEA
TROPIC OF CAN

INDIA

Arabian Sea

Bay of Bengal

Malay Pen.

Borneo

EQUAT

Border of the Mongol Empire
Khanate of the Golden Horde
Khanate of the Great Khan
Khanate of Chagatai
Khanate of Persia
Campaign of the Yuan dynasty

0   1,000 miles

몽골제국 지도. 고려 전체가 원나라의 식민지로 표시되어 있다.

그다음 미국 역사서를 보면, 고대에 작은 무리의 유목민들, 즉 노마드nomad*가 중앙아시아에서 이주해 왔다는 것입니다. 즉 우리 한민족이 떠돌이라는 것입니다. 일부는 북방에서, 일부는 저 서쪽에서 왔다는 것입니다. 그것이 완전히 틀린 얘기는 아니지만 근본이 잘못된 것입니다.

【 미국 교과서의 왜곡된 한국사 】

"In ancient times, small bands of nomadic hunters migrated to Korea from Central Asia."
"고대에 소규모의 유목민 무리가
중앙아시아에서 한국으로 이주하였다."

「World Cultures」(세계의 문화) 378쪽, 2003년)

다음은 영국 교과서인데, 우리나라가 진한秦漢 시대, 즉 지금부터 2,200년 전후에 중국 정부의 지배 하에 있었다고 왜곡해놨습니다. 이런 적이 전혀 없습니다!

또 대만 교과서는 한술 더 떠서 이렇게 말합니다. 중국의 3대 고대 왕조인 소위 하나라, 상(은)나라, 주나라에서, 상나라가 망하고 주나라가 들어설 때, 즉 문왕과 그의 아들 무왕이 은나라를 멸망시키고 주나라를 열 때, 은나라에 현인 세 사람이 있었는데 그중에 한 사람인 기자箕子가 한반도에 와서 원래 미개한 야만인이었던 우리 민족에게 문자를 가르쳐줘서 문명이 열렸다는 것입니다.

* 노마드nomad: 한 곳에 정착하지 않고 다른 장소로 이주하면서 생활하는 사람이나 그런 사람들로 구성된 사회. 프랑스의 철학자 들뢰즈Gilles Deleuze가 그의 저서 『차이와 반복』(1968)에서 노마드nomad(도마드)의 세계를 '시각이 돌아다니는 세계'로 묘사하면서 현대 철학의 개념으로 자리 잡은 용어이다.

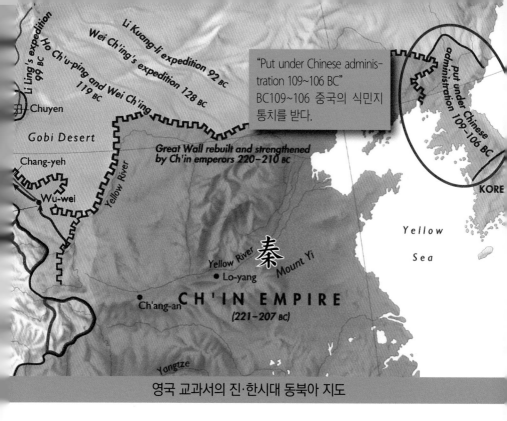

【 기자조선을 진실로 오도하는 대만 교과서 】

"조선반도는 상나라 말년 기자에 의해 개척되었다."

(대만 고교 교과서 『역사』 상, 강희도서공사, 2004)

그러나 **기자가 한반도에 온 사실이 없습니다.** 역사 현장을 실제 답사하면서 산동성 조현에 있는 그분의 무덤까지 직접 가봤지 만, 그분은 그냥 산동반 도 그 위쪽 아래쪽에서 돌다가 거기서 돌아가셨 습니다.

산동성 조현에 있는 기자묘. 기자는 한반도에 결코 온 적 이 없다. 산동성 지역에서 옮겨 다니다 세상을 떠났다.

중국의 중화주의 사관에 의한 역사 왜곡의 심각성

한국의 역사 현주소를 간단히 살펴보면서, 왜 **중화문명 사관**이 지금 문제가 되는지, 왜 우리 8,200만 한민족이 누구도 빠짐없이 이 문제에 대해 귀를 기울이고, 그 문제의 심각성을 새롭게 생각해야 하는지를 정리하고자 합니다.

중화中華문명 사관

중국을 천하의 중심으로 보고
다른 나라는 미개한 오랑캐로 비하 멸시하는 중화주의 사관

북경에서 서북쪽으로 차를 빠른 속도로 몰고 가면 한두 시간 좀 넘게 걸리고, 도로 사정이 안 좋을 때는 네 시간 정도 걸리는 도시가 있습니다. 바로 탁록涿鹿입니다. 제가 이곳에 초겨울에 갔을 때, 중국 공산당 지도자들과 중국의 지성인들이 그들의 13억 국민에게 역사 교육을 어떻게 집행하고 있는지, 찬바람을 맞으면서 가슴 서늘하게 체험한 적이 있습니다.

탁록이라는 곳은 우리 한국인 역사 선생님들도 잘 모릅니다. 우리는 지구촌 동서 4대 문명 가운데서 동북아시아의 황하 문명이 어디에서 나온 것인지, 다시 말해서 **황하 문명의 고향, 중화 문명의 탄생지**가 어디인지를 반드시 제대로 알아야 할 필요가 있습니다. 그곳이 바로 **탁록**입니다.

탁록은 4,700년 전에 **중국 역사의 시조인 황제헌원과 진정한 동방의 대천자 치우천황이 10년 대전쟁을 벌인 곳**입니다. 바로 그 탁록 벌판에, 중화민족의 세 분 조상을 모신 사당이라는 **중화삼조당中華三祖堂**이 있습니다. 그 사당의 정문 위에 '**귀근원歸根苑**'이라

中華三祖堂 중화삼조당

'중화민족 역사의 뿌리로 돌아가는 집' 귀근원歸根苑

황하문명의 고향, 중화문명 탄생지

탁록을 바르게 알자

고 금색 글씨를 크게 새겨났습니다. 귀근원은 <u>근원으로 돌아가는</u> <u>집, 뿌리를 찾는 집, 중화민족 역사의 뿌리를 드러내는 집</u>이라는 뜻입니다.

삼조당三祖堂, 세 분의 조상을 모신 사당이라는 뜻입니다. 그런데 재미있는 것은 가운데에 황제헌원씨가 있고, 오른쪽에 치우천황, 왼쪽에는 염제신농씨가 있습니다. 치우천황과 황제헌원, 10년 동안 처절한 역사전쟁을 한 동서방 문명의 주인인 두 양반을 저렇게 함께 모셔놓고 자기들 중화민족의 조상이라고 주장하고 있습니다.

그러나 결론은 뭐냐면, <u>중화 문명 역사의 조상이라고 하여 중화 삼조당에 모신 이 세 분이, 역사전문가들이 주장하듯이 '중국 한족이 아니고 동방 사람이다. 동이족이다.'</u>라는 말입니다. 여기에 중화 문명 역사관의 또 다른 진실이 있는 것입니다.

중국사의 문제를 짧게 간단히 정리를 해보겠습니다. 중국 사람들은 그들 역사의 조상이라는 황제헌원을 제외하고 자기들에게 문화를 전해 준 역사의 시조, 즉 5,500년 전의 태호복희씨와

| 자오지환웅(치우) | 황제헌원 | 염제신농 |

염제신농씨, 그 이전의 동이의 성인들을 심하게 모독하고 멸시합니다. 아예 인격을 깨버립니다.

이 사진은 중국 상해문화출판사에서 발간한 『중국역대제왕록』이라는 책에 있는 건데요, 중국인들이 동방의 성인 제왕들을 어떻게 표현하고 있는지 그 실체를 볼 수 있습니다. 먼저, 태호복희씨입니다. 머리는 사람이고 몸은 뱀인 '인두사신人頭蛇身'으로 왜곡해놨습니다.

염제신농씨는 소머리에 사람 몸으로 왜곡해놨습니다. 머리는 소처럼 뿔을 그려놓고 '우두인신牛頭人身'이라고 해놓은 것입니다.

치우천황治尤天皇 같은 분은 워낙 강력한 분이자 병법의 태조이

인두사신人頭蛇身으로
왜곡된
태호복희씨

출처: 『중국역대제왕록』
(1989, 중국 상해문화출판사)

동이족
太皞伏羲氏，传说中为古代东夷族（我国古代对东方各族的泛称）的著名首领，生于成纪（在今甘肃省秦安县北），居住于陈。传说他人头蛇身（一说龙身），可能他领导的部族是以蛇或龙作为图腾的。인두사신

우두인신牛頭人身으로 왜곡된 염제신농씨
출처: 『중국역대제왕록』(1989, 중국 상해문화출판사)

炎帝神农氏，传说中的上古姜姓部落著名首领，号烈一作厉山氏。此部落原居姜水流域，故姓姜。炎帝 ⋯ 湖北省随州市北厉山镇。初居于陈，后向东发展，迁 于 ⋯ （今山东省曲阜县东北）。
传说 ⋯ 牛头人身 可能他领导的部落是以牛为图腾。
우두인신

병법兵法의 태조인 치우천황을 두려워하여 인격을 제거하고 도깨비로 전락시킴

시라 인격을 완전히 제거하고 도깨비로 전락시켜버렸습니다. 이런 역사 왜곡 말살의 결과, 우리 한국인들이 2002년 월드컵에서 응원할 때 깃발에 붉은 악마라는 도깨비 상을 그려놓았던 것입니다.

붉은 악마로 전락한 치우천황

산동성 태산에서 만나는 한민족 역사의 뿌리

중국 산동성에는 명산 오악五岳* 가운데에서 동악東岳으로 유명한 태산泰山이 있습니다. 태산은 중화 문명의 꽃을 피우게 한 동방의 성인 제왕들이 서방 한족에게 역사를 전해 준 역사 문명의 구심점이자 사령탑입니다. 실제로 이곳에 가보면 우리 한민족 역사의 뿌리가 그대로 다 살아있습니다.

산동성에 가보면 제일 먼저 듣는 얘기가 있습니다. "이곳 산동

---

* 오악五岳 : 중국 5대 명산의 총칭으로 산서성山西省의 북악항산北岳恒山, 산서성의 서악 화산西岳華山, 하남성河南省의 중악숭산中岳嵩山, 산동성山東省의 동악태산東岳泰山, 호남성湖南省의 남악형산南岳衡山을 일컫는다.

성은 동쪽의 조선과 같은 곳이다."라고 말합니다. 사람들의 기질도 조선 사람들과 비슷하여 호방하고, 스타일이 중국 한족 사람들하고는 전혀 다르다는 것입니다.

제가 역사 현장을 답사하러 산동성 태산에 갔습니다. 도화원 케이블카 정류장에서 내려 천가天街를 지나 수천 개의 계단을 오르면 정상으로 가는 관문인 서신문西神門에 이릅니다. 그 서신문을 통과하여 광장에 들어서면 왼쪽에 태산의 여신인 벽하원군碧霞元君을 모신 벽하사碧霞祠가, 맞은 편에는 정상으로 향하는 문이 있습니다.

제가 서신문을 통과하여 벽하사를 지나면서 반대편의 문을 바라보는데, 바로 그곳에 놀라운 현판이 있는 것이었습니다. 정상으로 가는 아치형 문 위에 너무도 분명한 글자가 있었습니다. 붉은 원판에 노란색 글씨로 쓰여 있는 네 글자, 자기동래紫氣東來!

태산泰山 / 중국 산동성

자기동래紫氣東來. 태산 정상 도교사원 벽하사 근처에 새겨져 있음.

그것을 보고 저도 모르게 이런 말이 나왔습니다. '저 뜻을 알고 이 태산을 오른 사람이 과연 몇 명이나 되겠는가?' 근래에도 수억 명이 이 산을 올랐을 텐데 말입니다.

자기동래! 붉을 자紫 자, 색채 미학에서는 자색紫色을 하나님의 색이라고 합니다. 하나님의 권능과 신성을 상징하는 색인데, 그 자紫 자가 중국의 천안문에 있습니다. 천안문은 9,999칸이나 되는, 명나라 청나라 때의 거대한 궁전인 자금성의 정문입니다.

그럼 '자기紫氣'가 무엇입니까? 자기란 붉은 기운이라는 뜻이고, 동래東來, 그 붉은 기운이 동방에서 왔다는 말입니다. 그러나 사실 이것보다는 천자의 기운, 천자 문화의 기운이 동방에서 왔다는 뜻이라 할 수 있습니다.

서태후西太后의 여름 별장 이화원頤和園*에도 '자기동래'라는 글

* 이화원頤和園 : 천안문 북서쪽 19킬로미터, 쿤밍 호수를 둘러싼 290헥타르의 공원 안에 조성된 전각과 탑, 정자, 누각 등의 복합 공간이다. 1750년 청나라 건륭제(1711~1799년)는 청의원을 지어 황실의 여름 별궁으로 쓰게 하였다. 서태후(1835~1908년)는 1889년부터 죽을 때까지 이곳에 거주했다.

귀가 있습니다. 사실은 저 글에 동방 역사문화의 진실이 다 들어
있습니다.

'자기동래'는, 인류문화의 원형, 역사문화의 원형, 제왕문화, 천자
문화의 원래 고향이 동방이라는 것입니다. 그 천자문화를 상징하는
영물이 용龍과 봉鳳입니다. 그런데 일반적으로 중국은 용이고 동
북아의 한민족은 봉이라고 알고 있습니다. 그것도 왜곡된 것입
니다.

중화합중국의 운명을 보여주는 글귀

지난 2007년 4월 18일, 중국의 하남성河南省 정주시鄭州市에서
13억 중화민족에게 역사 교육을 하기 위해 거대한 프로젝트가
완성됩니다. 거기에 가보면 누구라도 입이 딱 벌어집니다.

약 20년에 걸쳐서 하남성 정주시 외곽의 황하가 내려다보이는
산 정상에 미국 뉴욕의 자유의 여신상보다 더 큰 **염제신농과 황제
헌원의 석상**을 만들어 놓았습니다. 그리고 '우리는 염황이제지손炎

黃二帝之孫이다'라고 주장합니다. 염제신농과 황제헌원의 자손이라는 것입니다.

여기 기념판에 보면 아주 멋진 시가 쓰여 있습니다. 그 시 중간 후반부를 보면, '천불욕망아중화天不欲亡我中華 필불망중화지문화必不亡中華之文化', '하늘이 우리 중화를 멸망시키려고 하지 않는다면 중화의 문화는 결코 패망 당하지 않으리라.'라는 구절이 있습니다. 그런데 우리가 이 글을 어떤 느낌과 깨달음을 가지고 읽어 보면, 이 글을 쓴 사람은 어떤 두려움을 가지고 썼다는 것을 알 수 있습니다. '중화문명은 언젠가 또 한 번 패망 당하리라.'는 것을 몸속으로 느끼면서 쓴 것입니다. 저는 그것을 직접 보고 읽으면서 그런 느낌을 강하게 받았습니다.

천 불 욕 망 아 중 화 　 필 불 망 중 화 지 문 화
天不欲亡我中華 必不亡中華之文化

하늘이 우리 중화를 멸망시키려 하지 않는다면
중화의 문화는 결코 멸망하지 않을 것이다.

(『염황부炎黃賦』)

지금의 중국은 55개의 소수민족을 탱크로 밀어붙여서 하나로 묶어놓았습니다. 이런 중화합중국의 역사 문명은 어떻게 될까요? 미래는 어떻게 될까요?

炎黃二帝염황이제 동상(하남성 정주시, 제작기간 20년)

달 피라미드
멕시코시티 북동쪽의 테오티우아칸

제2부

한민족
문화역사의
고향을 찾아서

소주제2
한민족 역사문화의 고향을 전하는 『삼국유사』

한민족사를 전하는 소중한 사서들

그렇다면 우리 한민족의 역사는 어디서 시작되었을까요? 그리고 무엇이 우리 한민족의 역사와 문화의 진정한 고향일까요?

이에 대해 기록한 사서가 있습니다. 지금의 강단사학자들도, 또 일본 제국주의자들도 인정하는 사서입니다. 바로 일본 사람들이 우리 민족의 역사와 문화를 완전히 뿌리 뽑기 위해, 역사 관련 사서 20만 권을 수거하여 불사르고 남겨 놓은 두 권의 책, 『삼국사기』와 『삼국유사』입니다.

『삼국사기』는 고구려, 백제, 신라 삼국에 대한 역사 이야기인데, 신라를 종통으로 놓기 위해 고구려를 부정하고 축소하였으며, 백제를 고구려의 시조인 고주몽의 친자손이 아닌 것으로 혈통을 조작해 놓은 책입니다. 이에 대한 역사의 진실은 오직 『환단고기』에서만 확연히 드러나 있습니다.

그리고 『삼국유사』는, 원元나라가 우리나라를 강권으로 지배하려고 하던 절체절명의 상황에서 '우리 한민족 역사의 참모습을 보여주겠다'고 하는 도전적인 의지로, 일연스님이 우리 역사의 핵심, 진실을 기록한 책입니다. 이 『삼국유사』 서두의 〈고조선기〉에서 일연스님은 왕침王沈이 쓴 『위서魏書』를 인용하면서 단군에 관한 이야기를 밝히고 있습니다.

한민족 역사와 문화의 고향을 간직한 『삼국유사』 〈고조선기〉

자, 그러면 『삼국유사』 〈고조선기〉에 나오는 단군 이야기를 성우가 읽는 것을 잠깐 들어보겠습니다.

『삼국유사』 〈고조선기〉

"위서에 이르기를 지난 2천 년 전에 단군왕검께서 도읍을 아사달에 정하시고 나라를 세워 이름을 조선이라 하시니, 요임금과 같은 시대라 하였다.

고기에 이르기를 옛적에 환국이 있었다. 서자부庶子部의 환웅이 천하를 건지려는 뜻을 가지고 인간 세상을 구하고자 하거늘 환국을 다스리시는 아버지 환인께서 아들의 이런 뜻을 아시고 아래로 삼위산三危山과 태백산을 내려다보니 널리 인간에게 이로움을 줄 만한지라.

이에 아들에게 천부와 인 세 개를 주어 보내 이곳을 다스리게 하셨다. 이에 환웅이 무리 3천 명을 거느리고 태백산 꼭대기 신단수 아래에 내려오시어 이를 신시라 이르시니 이분이 바로 환웅천황이시다.

환웅께서 풍백과 우사와 운사를 거느리고 농사와 왕명과 질병과 형벌과 선악을 비롯하여 인간 세상에 360여 가지 일을 주관하시고 신교의 진리로써 정치와 교화를 베푸셨다.

이때 웅족과 호족이 같은 굴에 살았는데 늘 삼신 상제님과 환웅님께 사람이 되게 해달라고 빌었다. 이에 환웅께서 신령스러운 것을 내려 주시며 그들의 정신을 신령스럽게 하시니 그것은 곧 쑥한 타래와 마늘 스무 매였다.

환웅께서 이르시기를 너희들은 이것을 먹으면서 햇빛을 보지 말고 백일 동안 기원하라. 그리하면 인간의 본래 참모습을 회복할 것이니라 하셨다.

　웅족과 호족이 환웅께서 주신 쑥과 마늘을 먹으면서 스무하루 동안을 삼가매 웅족은 여자다운 몸이 되었으나 호족은 금기를 지키지 못해 참된 사람의 몸이 되지 못하였다. 웅족 여인이 혼인할 곳이 없으므로 매일 신단수 아래에 와서 아이를 갖게 해달라고 빌었다. 이에 환웅께서 웅족 여인을 임시로 광명의 민족으로 받아들여 혼인해 아들을 낳으시니 이름을 단군왕검이라 하였다.”

　사실 『삼국유사』〈고조선기〉는 우리 한민족의 역사와 문화의 고향을 가장 간결하게 담고 있습니다. 그러나 당시 일연스님이 얻을 수 있는 역사 문헌 정보의 부족으로 고조선의 진실된 역사를 온전히 드러내지 못한 것에 대해서는 매우 유감이며 참으로 애석합니다. 하지만 이 속에는 우리 역사뿐만 아니라 **인류 최초의 문명국가인 '환국桓國'에 대한 너무도 중요한 정보**가 있습니다. 따라서 한국인이라면 남녀노유 할 것 없이 누구도 이 〈고조선기〉를 매일 아침에 일어날 때마다 한 번씩 소리 내서 읽어야 한다고 생각합니다. 그렇게 수년간 읽다 보면, 이 〈고조선기〉에서 전하는 역사적 기록이 어떤 의미가 있는지 홀연히 깨닫게 됩니다. **한민족의 역사 시원에 대해서, 우리 한민족의 첫 출발점에 대해서** 이 문서가 얼마나 중대한 역사적 값어치가 있는지 스스로 깨닫게 됩니다.

한민족의 첫 출발점

　『삼국유사』〈고조선기〉를 보시면 전체 내용이 크게 세 단락으로 구성되어 있습니다. 결론은 **우리 역사의 일차적인 근원을 『위서』를 인용하여 선언**하고 있다는 것입니다.

'2천 년 전에 단군왕검이 입도아사달立度阿斯達하시고 개국호조선開國號朝鮮하시니 여고동시與高同時니라.' 단군왕검이 아사달에 도읍을 정하고 조선이란 나라를 세웠다, 그 때가 중국 당나라의 요임금과 같은 시기였다는 것입니다.

유 단 군 왕 검　　　입 도 아 사 달
有檀君王儉이 **立都阿斯達**하시고
개 국　　호 조 선　　　여 고 동 시
開國하사 **號朝鮮**하시니 **與高同時**니라.

중요한 것은 이 조선이 어디서 왔는가 하는 것인데, 바로 그 한 소식을 〈고조선기〉에서 전해주고 있습니다.

우리 한민족의 첫 출발점이 어디입니까? 이에 대해 『고기古記』라고 하는, 즉 우리 한민족이 직접 기록한 문서를 인용하여 설명하고 있습니다. 처음에는 『위서』를 인용하여 설명하다가 우리의 기록인 『고기』를 통해 한민족의 역사 시원에 대해 밝혀주고 있습니다.

그런데 한민족의 첫 출발점에 대한 정말 놀라운 이야기는 '석유환국昔有桓国', '옛적에 환국이 있었다', '밝을 환桓 자', '나라 국国 자', '광명의 나라'가 있었다는 것입니다.

석 유 환 국
昔有桓国

옛적에 환국이 있었다

그리고 동방 개척의 꿈을 가진 환웅이란 인물이, 즉 서자부의 환웅이 '삭의천하數意天下', 천하를 건지려는 뜻을 가지고, 인간 세상을 구하고자 그 뜻을 환인 천제께 아뢰니, 환국의 통치자인 환인 천제께서 종통의 상징인 천부인天符印 세 개를 내려주셨다는 것입니다. 이 천부경天符經 문화에 우리 한민족과 인류 문명의 근원을 푸는 모든 사상체계, 문화체계가 들어있습니다.

내 수 천 부 인 삼 개 　　　 견 왕 이 지
乃授天符印三箇하사 遣往理之하시니라

【 서자庶子의 뜻 】

① 여러 아들 또는 백성	이덕수 설
② 서자부庶子之部 : 부족 또는 마을	「신시본기」
③ 고대의 벼슬 명칭, 태자의 스승	중국 「사원辭源」
④ Благословенное → 서자들의 마을 블 라 고 슬 로 벤 노 예	이덕수 설

환인천제께서 환웅에게 천부天符와 인印 세 개를 주시면서 '견왕이지遣往理之하라', '그대를 보내니 가서 다스려라'고 하신 기록이 나옵니다. 그리고 환웅이 3천 명을 이끌고 동방으로 오는 이야기가 이어지는데, 거기에 보면 삼사三師, 즉 풍백風伯, 우사雨師, 운사雲師라고 하는, 현대 국가 조직사의 근원이 되는 입법, 행정, 사법부에 해당하는 조직이 나옵니다. 이 분야에 대해서는 한국의 이강식 교수가 평생 조직사를 연구하여 STB상생방송에서 몇 년 전에 아주 체계적인 강의를 한 적이 있습니다.* 우리 한국 국민들, 특히 지식인들이 관심을 가지고 그분의 명강의로부터 아주 많은 깨달음을 얻은 바 있습니다.

━━━━
*『한국, 신시, 고조선 조직사』(상생출판, 2014, 이강식)

일연스님의 주석을 빌미로 신화로 왜곡한 일제

그런데 역사문화의 고향인 『삼국유사』〈고조선기〉가, 일연스님이 자신의 불교 역사관을 기준으로 쓰다 보니, '석유환국' 옆에 괄호하고 주석을 붙여 '환국은 제석신帝釋神의 나라다. 불교 신화의 나라다. 아사달은 지금의 한반도 대동강변의 평양이다.' 이렇게 잘못된 해석을 하는 우를 범하게 됩니다. 그럼으로써 일본 역사 침략자들에게 한민족 역사의 뿌리를 뽑을 수 있는 아주 좋은 알리바이, 역사 왜곡의 빌미를 제공하였습니다.

이것을 근거로 일본은 우리 한민족의 역사 뿌리인 환국과 환웅천황이 백두산 신시에 건국한 도시국가인 신시배달神市倍達, 배달을 계승한 단군조선, 이 3대 한민족의 시원역사 시대를 뿌리까지 송두리째 잘라버렸습니다. 즉 일연 스님이 붙인 '위제석야謂帝釋也', '제석을 말한다'라는 주석에 힘입어 환국을 불교 신화에 나오는 나라로 둔갑시키고, 환국을 계승한 배달과 단군조선도 허구의 나라로 만든 것입니다. 간결하게 핵심을 정리하면, "환국·배달·조선은 허구의나라다. 국가 성립사가 아니다. 신화의 역사다. 환인과 환웅과 단군은 3대 왕조의 역사시대가 아니라 할아버지와 아버지와 아들의 3대 역사다. 신화의 인물사다." 라는 것입니다.

그런데 불행히도, 지금도 대한민국의 강단사학과 초등학교부터 중

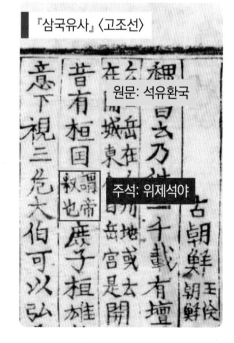

『삼국유사』〈고조선〉

원문: 석유환국

주석: 위제석야

고등학교, 대학교, 나아가 전 지구촌의 역사 교과서 모두가 하나가 되어 우리 한민족의 역사 근원을 잘라낸 일제의 역사 말살 조작극에 동조하고 있습니다.

금서룡의 '석유환국' 왜곡

일본의 역사말살 특수기관인 〈조선사편수회〉의 3인방 가운데 막내인 **금서룡今西龍***은 '석유환국昔有桓国'을 '석유환인昔有桓因'이라고 조작했습니다. '석유환국昔有桓国'에서 '국国 자'를 '인因 자'로 조

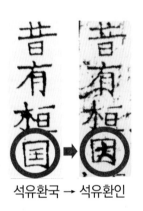

석유환국 → 석유환인

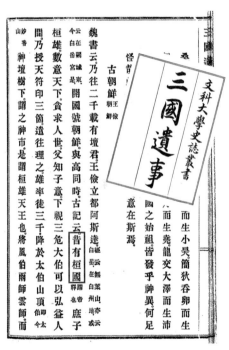

1904년 일본 동경대에서 출판한 삼국유사

---

* 금서룡今西龍(이마니시 류, 1875~1932) : 1913년에 교토제국대학 조교수가 되었다. 중국·영국에 유학, 1922년에 문학박사 학위를 받고, 1925년에 조선총독부 조선사편수회 위원이 되었으며, 이듬해 1926년에 경성제국대학 교수로 취임하였다. 한국사를 왜곡·말살하는 데 주도적인 역할을 했다. 사학자 이병도의 스승이다.

작하여 '옛적에 환국이 있었다'를 '옛적에 환인이 있었다'라고 해놓았습니다. '환국'이라는 나라가 있었던 것이 아니라, '환인'이라는 인물이 있었다고 왜곡 조작한 것입니다. '국國 자'를 '인因 자'로, 이 한 글자를 조작한 것은 실로 '한국 고대사의 핵, 한국사의 영혼을 도려낸 사건'입니다.

그런데 제가 일본 도쿄의 동경대학에 가서 그 원본을 직접 확인했습니다. 1904년에 동경대에서 출판한 책에는 분명히 '석유환국 昔有桓國'으로 나와 있습니다. '석유환인'이 아니라 '석유환국'으로 말입니다. '옛적에 환국이 있었다'는 것입니다.

토템문화를 무시한 해석의 실체

그리고 여기에 보면 '일웅일호-熊-虎', '한 마리 곰과 한 마리 호랑이가 환웅에게 찾아와서 사람이 되게 해달라고 빌었다'라고 되어 있습니다. 곰하고 호랑이가 왔다. 이렇게 해석하는 사람은 아마도 지구촌에 대한민국 사람밖에 없을 것입니다.

예를 들어, 월남전 때 맹호부대를 파견했습니다. 그때 호랑이가 갔습니까? 아니죠? 비둘기부대가 갔다고 하면, 비둘기가 갔습니까? 아닙니다. 이것은 토템*입니다. 그 부족 또는 그 지역 주민들이 자연과 친교하며 역사를 만들어나가면서 자기들을 지켜주는 상징물로 토템을 삼은 것입니다. 그런데 곰과 호랑이가 와서 사람 되게 해 달라고 했다? 그것은 생물학적으로도 영원히 불

---

* 토템totem : 특정 집단이나 인물에게 종교적으로 연결시킬 수 있었던 야생 동물이나 식물 등의 상징을 의미한다. 인간집단과 동·식물 또는 자연물이 특수한 관계를 유지하고 집단의 명칭을 그 동·식물이나 자연물에서 따붙인 예는 원시민족 사이에서 널리 발견되고 있다.

가능한 일입니다.

사실 이것은 웅족과 호족 사람들이 환웅천황에게 와서 환국의 광명문화의 심법, 광명문화의 신성함, 그 삶의 원리를 가르쳐달라고 한 것입니다. 그래서 환웅께서, "백일 수행을 해라"라고 하고, 마魔를 다스리는 치마제治魔劑인 마늘을 주고, 냉冷을 다스리는 쑥을 주었던 것입니다.

이것은 의학의 초보적인 지식인데 이런 것을 다 무시하고, 곰과 호랑이가 와서 사람이 되게 해달라고 했다, 그런데 곰만이 참을성이 있어서 마침내 사람이 되어 환웅과 결혼하여 단군왕검을 낳았다는 것입니다. 이것이 사실이라면, 우리는 곰의 후손입니까? 아니 어떻게 곰보다 더 미련한 역사 해석을 할 수 있습니까? 그런데 지금도 초등학교 중고등학교 교과서를 보면, 이『삼국유사』〈고조선기〉를 약속이나 한 듯이 그렇게 번역해서 싣고 있습니다.

초등 「사회」	곰과 호랑이가 환웅에 찾아와 **사람이 되게 해 달라고** 빌었다.
중학 「역사」	곰은 … **여자로 태어났고** … **아들을 낳았다.**
고등 「한국사」	환웅이 … **곰이 변한 여자와 혼인**하여 단군을 낳았으며

중앙아메리카의 멕시코 남부에서 유카탄반도 지역에 이르는 마야문명 유적지를 가보면, 동물 문양의 투구를 쓰고 있는 전사의 모습을 그린 벽화를 흔히 볼 수 있습니다. 그들은 거기에 자

기들의 토템을 새긴 것입니다. 이런 것은 세계 여러 곳에서 볼 수 있습니다. 토템은 곧 자기 부족의 상징입니다.

우리 역사문화의 고향은 『삼국유사』〈고조선기〉의 '석유환국', '옛적에 환국이라는 나라가 있었다'에 나오는 '환국'입니다. 이런 기록을 가지고 있는 문화민족은 동아시아뿐만 아니라 서양에도, 또 아메리카 대륙 남북 어떤 인디언 문화에도 없습니다. 오직 『삼국유사』〈고조선기〉에만 있기 때문에, 그 역사기록이 너무도 소중한 것입니다. 환국과 신시배달과 단군왕검 조선의 3대 왕조 역사가 있었다는 것입니다.

마야 창조신화를 묘사한 그림. 투구의 동물 문양은 마야인들의 토템을 상징한다.

소주제3
한민족 역사문화의 정수를 담은 환단고기

'환단'의 천지 광명 역사를 전하는 『환단고기』

자, 그러면 한민족의 역사 시원뿐만 아니라 인류 역사의 기원, 세계사의 출발점을 밝혀주는 창세 역사의 문화원전인 『환단고기』를 통해, 이제 우리 역사의 실제 근원을 향해서 한번 여행을 떠나보기로 하겠습니다.

우선 '『환단고기』란 어떤 책인가?'입니다.

역사의 주제가 무엇입니까? 우리 한민족뿐만 아니라 인류 시원 문화의 본질을 무엇으로 규정하고 있습니까? 그것을 한 글자로 말할 수 있습니다. 『환단고기』란 책 제목이 말해주듯이 바로 '환桓'입니다. 환! 밝을 환 자입니다. 우리말에도 "야, 참 환해서 좋다. 나는 무엇보다도 환하게 밝아서 좋다"라는 말이 있습니다.

어제가 9월 15일 보름이었습니다. 제가 밝은 보름달을 보며, 퀸즈 바닷가에서 산책을 하면서 오늘 강연할 내용을 통역자와 같이 정리를 해봤습니다.

시원 역사의 본질이 환桓입니다. 나무 목木 자 옆에 뻗칠 긍亘 자를 쓴 글자입니다. 목木이란 하나님의 생명을 말합니다. 대우주의 순수 신성을 오행으로 목木이라고 합니다. 그리고 목 자 옆에 뻗칠 긍亘은 영어로 익스팬딩expanding, 즉 확장입니다. 무한한 순수 생명이 한없이 퍼져 나간다는 뜻입니다. 그것이 바로 환의 참뜻입니다. 정리하면, 인류 역사문화의 핵이 한마디로 '환'인 것입니다, 환!

그렇다면 이 환은 무엇인가요? 바로 '천광명天光明, 하늘광명'입니다. 자천광명自天光明, 하늘에서 내려오는 대광명, 이것이 환입니다.

그리고 어머니 지구의 광명은 무엇인가? 그것을 '단檀'이라고 합니다. 그래서 『환단고기』는 '천지 광명을 체험하고 살았던 동북아 역사의 주인공인 한민족의 역사 이야기다'라고 정의할 수 있겠습니다. 한마디로, 『환단고기』는 천지의 광명 역사 이야기입니다.

이 『환단고기』속에 담긴 대한의 천지 광명의 역사 이야기야말로 우리들이 진실로 찾고 싶었던 인생의 주제요, 깨달음의 주제요, 기도와 수행, 진리의 총결론이라 할 수 있습니다.

$$自天光明_을 謂之桓也_오$$
$$自地光明_을 謂之檀也_오$$

하늘에서 내려오는 광명을 환이라 하고
땅의 광명을 단이라 한다

(『태백일사』「신시본기」)

그렇다면 '대한민국', '한국', '한국인' 할 때의 한韓의 뜻은 무엇일까요? 바로 여기에 아주 흥미진진한 우리 역사의 핵심 결론이 담겨 있습니다. 한은 사람 몸속에 깃들어 있는, 우리 각자의 내면 안에 있는 천지광명天地光明을 말합니다. 다시 말해 내 마음과 몸과 영혼 속에 들어있는 천지의 우주광명이 한입니다. 따라서 한이란 천지광명의 역사, 우주역사의 주체를 말하는 의미도 있습니다. 그런 의미에서 한은 단순히 동북아의 한민족, 한국인에 국한된 의미가 아니라, 지구촌 동서고금의 모든 인간의 존재를 정의하는 것입니다. 인간의 존재를 규정짓는 것입니다. 그러므로 지구촌 오늘의 70억 인류가 전부 대한大韓인 것입니다. 아메리카 대륙에 있는 모든 이들도 대한이요, 유럽에 있는 모든 사람, 또 아프리카에 있는 7억 형제들도 다 한이요, 대한입니다. 지구촌 70억 인류가 다 대한인 것입니다.

우주 사상, 우주 광명문화의 원전, 『환단고기』

『환단고기』에 들어가서 첫 문장을 읽을 때, 우리는 왜 『환단고기』의 역사 진실을 느끼지 못할까요? 왜 그것을 잡아내지 못하는 것일까요?

이런 안타까움의 이면에는 바로 우리 역사의 구성원리, 문화를 창조한 삶의 원리를 모르기 때문입니다. 대우주의 광명문화, 우주론을 근본으로 해서 인류 역사뿐만 아니라 한민족의 시원 역사가 구성되어 있다는 것을 깨닫지 못하기 때문입니다.

그런 의미에서 『환단고기』는 '우주 사상, 우주 광명문화의 원전原典이다'라고 정의할 수 있겠습니다. 따라서 『환단고기』를 읽으면 읽을수록 마음이 밝아집니다. 인문학에 대해 깊은 사색을 하든, 예술이나 음악을 하든, 연주를 하든, 시를 읊든, 과학도가 되었든, 자연의 관찰자가 되었든 『환단고기』를 제대로 읽으면 한없는 기쁨, 정말로 대우주 광명과 일체가 된 그런 숭고함, 생명의 신성함을 느낄 수 있을 것입니다.

동서양의 뿌리 역사를 전해주는 『환단고기』

그리고 『환단고기』에는 인류문화의 전 영역이 다 들어있습니다. 수학, 천문학, 과학, 철학, 종교, 언어학, 의식주 생활문화, 현대 정치 문화의 기원 등 모든 인류문화의 전 영역에 대한 원형문화의 한 소식을 전해주고 있습니다.

또한 『환단고기』는 한·중·일 역사의 근원을 전해줍니다. 한민족의 근원뿐만 아니라 중국 역사의 원 시조가 누구인지 밝혀주고 있습니다. 환웅천황과 더불어 천산 동쪽 환국에서 오신 분이 있습니다. 직접 한번 읽어보시기 바랍니다.

일본 역사의 원 조상은 누구일까요? 정말로 궁금하지 않습니까? 일본 역사의 원 시조,누가 지금의 일본 열도에 최초로 나라를 세웠을까요? 2,600년 전의 **신무왕**神武王*, 그 실체가 누구일까요? 행촌 이암이 쓴 『단군세기』 36세 매륵단군조를 보면 그 인물

---

* 신무왕神武王 : 일본의 제1대 왕으로 전해지는 인물. 재위 76년에 죽었을 때 나이가 127세, 또는 137세라고 하는데 일본의 역사가들은 그를 실제 인물이라기 보다는 신화적인 인물로 본다.

이 나와 있습니다.

이렇듯 『환단고기』에는 한·중·일 역사의 시조뿐만 아니라 나아가 동서 인류 문명의 기원에 대해서도 핵심을 전해주고 있습니다. 즉 서양문명의 근원조차도 『환단고기』를 통해서만이 그 역사의 출발점을 알 수 있는 것입니다.

<h1 style="text-align:center">한·중·일 역사 시조와
동서 인류문명의 기원까지 전해주는
『환단고기』</h1>

천년의 세월이 낳은 『환단고기』의 구성

『환단고기』는 1천년의 오랜 세월에 걸쳐서 다섯 분에 의해서 쓰여진 책입니다. 이 책의 전체 구성을 보면, 크게는 다섯 권, 작게는 열세 권의 역사서로 구성되어 있습니다. 이 열세 권의 책 속에 한민족과 인류의 시원 문화, 창세 역사의 핵심이 잘 정리되어 있습니다.

【 환단고기의 구성과 저자 】

삼성기 상	삼성기 하	단군세기	북부여기	태백일사
안함로 (579~640)	원동중 (?~?)	이암 (1297~1364)	범장 (?~1395)	이맥 (1455~1528)
1책 1권	1책 1권	1책 1권	1책 2권	1책 8권
다섯 분이 쓴 총 5종 13권의 역사서				

구분	삼성기 상	삼성기 하	단군세기	북부여기	태백일사
편찬자	신라 **안함로** (579~640)	고려 **원동중** (생몰연대 미상)	고려말 **이암** (1297~1364)	고려말 **범장** (?~1395)	조선 중기 **이맥** (1455~1528)
소장자	**계연수** (1864~1920)	**백관묵** (1804~?)	**백관묵** 이형식	**이형식** (1796~?)	**이기** (1848~1909)

국통의 核(3성조) 　　동아시아의 　　잃어버린
바로 세운다 　　문화 중심(宗主) 　　역사의 고리

그럼 첫 번째 책을 쓰신 분은 누구인가? 그분은 중국 수나라에 유학을 갔던 도승입니다. 도道가 말할 수 없이 아주 높은 분으로 석가모니 이상으로 한 소식을 들은 분이라고 해도 부족함이 없는 아주 인격이 훌륭하신 분입니다.

바로 신라 10대 성인 가운데 한 분인 '안함로安含老' 대성大聖입니다. 그분이 쓴 『삼성기』 상권이 첫 번째 책이고, 원동중元董仲이라는 분이 쓴 『삼성기』 하권이 두 번째 책입니다.

『삼성기』 상하는 『삼국유사』 〈고조선기〉에 나오는 환국 배달 조선의 한민족 시원 역사, 3대 왕조의 역사 틀을 바로 잡아주고 있습니다. 『삼성기』 상은 우리 한민족 역사의 계보, 즉 국통맥을 고구려의 역사까지 바로잡아 주고 있는데, 사실 작은 글자로 쓰면 한 페이지밖에 되지 않는 분량입니다. 이 책을 쓰신 안함로 도승은 유교, 불교, 도학에 도통을 하신 분입니다. 즉 유불선에 회통하셨기 때문에 『삼성기』 상의 문장은 아주 간결하지만 **우리 역사의 뿌리를 밝혀주는 정말로 소중한 책입니다.**

안함로安含老(579~640)

신라시대 도승
유학시절 수나라 임금 문제文帝를 직접 만남. 황룡사 9층탑 건립을 주장

행촌 이암李嵒(1297~1364)

고려 말 공민왕 때 문하시중門下侍中(국무총리 격) 역임. 「단군세기」 지음

세 번째 책『단군세기』는 단군왕검이 세운 옛 조선, 바로 고대 조선, 2천 년 동안 지속된 단군조선의 역사서입니다. 정확하게 2,096년 동안 마흔일곱 분의 단군왕검이 나라를 다스린 역사를 기술한 책입니다. 이 책에는 '단군조선이 중국의 요임금, 순임금, 하나라, 상나라, 주나라의 왕조 역사들과 어떤 국제 교류 관계를 맺었는가?' 하는 역사 내용에서부터 실제 우리 한민족 역사문화의 핵심들이 잘 정리되어 있습니다.

그리고 여기에서 정말로 잘 살펴보아야 하는 내용이 있는데, 우리 역사에서 잘려나간 중간 허리 부분, 바로 '부여夫餘'의 역사입니다. 중국 후한後漢 때 왕충王充이 지은『논형論衡』*이라든지, 그 외 여러 사서를 봐도 사실 부여 역사가 북부여의 역사인지 동부여의 역사인지, 어느 나라의 역사인지 알 수가 없게 되어 있습니다. 다 뒤죽박죽되어 있습니다.

그리고 네 번째 책은『북부여기』입니다. 고려 말 공민왕 때『단군세기』를 쓴 행촌 이암 선생과 조정에서 같이 봉사한 복애거사 伏崖居士 범장范樟, 본명은 인간 세世 자, 동녘 동東 자로 범세동이라는 분이 지은 북부여의 역사책입니다.

복애거사는『북부여기』를 통해 우리 역사가 단군조선, 즉 옛 조선이 끝나고 종통이 어디로 계승되었는지, 그 국통맥을 바로 세워주셨습니다. 그것이 한민족 상고 역사의 잃어버린 고리, 북부여의 역사입니다. 그 북부여의 국통이 고구려로 이어집니다.

* 논형論衡 : 중국 후한後漢의 왕충王充이 지은 책으로, 85편으로 구성되어 있다. 서한(전한) 때의 동중서로부터 동한(후한)에 이르는 유가의 신학을 비판하고 있으며, 당시 교육의 갖가지 폐단을 신랄하게 공격했다.

해모수 단군이 북부여를 건국하면서 동부여(가섭원부여)가 갈려 나가는데, 그 때가 한나라와 위만의 전쟁이 있던 바로 그 무렵입니다.

마지막으로 다섯 번째 책은 『태백일사太白逸史』입니다. 우리 한 민족의 역사뿐만 아니라 인류 창세 문화의 전모를 드러낸 정말로 보배로운 책입니다. 고성 이씨 행촌 이암의 직계 4대손으로서 연산군 중종 때 조정에서 찬수관을 역임했던 일십당一十堂 이맥李陌이라는 분이 저술하였습니다.

『태백일사』는 '동방 대광명의 숨겨진 역사'라는 뜻입니다. 숨겨 놓고서 이렇게 밖에 전할 수 없는 역사라는 것입니다.

이 책은 「삼신오제본기三神五帝本紀」, 「환국본기桓國本紀」, 「신시본기神市本紀」, 「삼한관경본기三韓管境本紀」, 「소도경전본훈蘇塗經典

용호재龍湖齋. 금성범씨錦城范氏의 재실(광주광역시 북구 생용동)

복애거사 범장范樟(?~1395)
본명 범세동范世東.
고려말 공민왕 때 출사하여 간의대부諫議大夫 역임

本訓」,「고구려국본기高句麗國本紀」,「대진국본기大震國本紀」,「고려
국본기高麗國本紀」 이렇게 여덟 편의 사서로 구성되어 있습니다.

정리하면, 『삼성기三聖紀』 상하, 『단군세기檀君世紀』, 『북부여기
北扶餘紀』 상하, 『태백일사太白逸史』 여덟 편, 이렇게 모두 열세 권
으로 구성된 『환단고기桓檀古記』는 인류 창세역사와 한민족 9천년
역사의 국통맥을 바로 세우는 인류 원형문화의 원전인 것입니다.

| 『환단고기』의 전수 내력(1) |

소전거사와 세 분의 천보산 결의동맹 사건

이런 『환단고기』가 탄생할 수 있게 한, 고대의 기록들이 우리
한민족에게 전해지게 되는 기적적인 사건이 있었습니다.

원나라의 내정간섭에 반대하다가 강화도로 유배되었던 이암李

이맥 선생 묘(충남 연기군 서면 용암리 일명 두지골)

일십당一十當 이맥李陌(1455~1528)
행촌 이암의 4세손
조선 중종 때 실록을 기록하는 찬수관 역임

畾 선생이 방면되어, 천보산天寶山 태소암에서 1년간 머무릅니다. 바로 그때 **소전거사素佺居士**라는 분이, **이암**과 복애거사 **범장**范樟, 그리고 『진역유기震域留記』를 쓴 **이명**李茗이라는 세 사람을 불러서 수천 년 동안 전해 내려온 우리 역사의 기록물을 전합니다. 그것을 천보산의 굴속에 보관해놓고 도를 닦으면서 지키고 있다가 마침내 이 세 사람에게 전수한 것입니다. 이를 전수받은 세 분이 '한민족사 회복을 위한 사서 집필을 하자'고 결의동맹을 하게 된 것입니다.

'소전素佺'이란 '나는 이 우주 광명 자체의 인간이다'라는 뜻입니다. 바로 그 소전거사가 우리의 역사 문화 원형을 담고 있는 고문서를 전해주었던 것입니다.

천보산天寶山(경기도 양주). 소전거사와 3인의 결의동맹 성역

이기, 계연수, 이유립 선생의 노고

『환단고기』가 우리 한국 사회에 대중화될 수 있는 문을 연 또 다른 세 분이 있습니다.

조선말에 조선왕조가 망할 무렵 명문대가로 소문난 호남의 해학海鶴 이기李沂 선생과 그의 제자 구름 운雲 자, 나무꾼 초樵 자, 운초雲樵 계연수桂延壽 선생입니다. 운초 선생이 조선왕조가 완전 패망 당한 다음 해인 1911년에, 우리 민족이 비록 패망 당했지만 진정 우리 한민족이 동북아 역사의 주인공, 이 세계역사의 주인공이었다는 것을 역사 전면에 드러내기 위해, 이것을 한 권의 책으로 묶어 역사 교과서로 편집하여 냈습니다. 독립운동가이던 홍범도 장군과 오동진 장군, 두 분이 호주머니를 털어 지원해준 자금으로 1911년에『환단고기』30권을 찍어낸 것입니다.

그러나 약 20년의 세월이 지난 뒤, 1920년 8월에 일본제국의 앞

해학 이기李沂(1848~1909)
『환단고기』의 70%를 차지하는「태백일사」를 계연수에게 전수함.

운초 계연수桂延壽(1864~1920)
이기의 제자. 한민족과 인류의 시원 역사를 밝힌 다섯 책을 합본하여『환단고기』라 이름 붙임.

잡이 밀정 감영극의 밀고로 일본군 헌병대가 만주 관전현寬甸縣에 있던 배달의숙倍達義塾* 학당을 기습합니다. 이 때 3,000여 권의 책과 문서 모두를 현장에서 압수당하고 운초 선생이 끌려갑니다. 선생이 헌병대에 끌려가 죽검으로 얼마를 맞았는지 팔다리뼈가 다 부러지고 눈알이 빠져버릴 지경이었습니다. 그런데도 굴복을 하지 않으니 일본 장도로 팔다리를 자르고 모가지도 잘라서 참혹

* 배달의숙倍達義塾 : 만주 항일무장투쟁의 3대 맹장 중의 한 분인 송암 오동진 장군이 석주 이상룡과 함께 출연하여 1919년에 평안북도 삭주군에 세운 민족학교이다. 오동진은 이곳에서 몸소 교사가 되어 계연수, 최시흥과 함께 학생들에게 민족혼을 역설하며 조선의 역사를 가르쳤다.

여천 홍범도洪範圖 / 송암 오동진吳東振
독립운동가였던 두 사람이 사재를 털어 『환단고기』 30권 인쇄 경비를 조달함.

하게 죽은 시신을 압록강에 버렸습니다.

그렇게 강에 던져진 선생의 살점과 뼈마디를 물에서 건져내어 수습하면서 말없이 흐느껴 울던 한 소년이 있었습니다. 그가 바로 일 년 전에 자기 아버지 이관집 선생과 함께 배달의숙倍達義塾에서 운초 선생에게 우리 역사문화를 배운 한암당寒闇堂 이유립李裕岦 선생입니다.

이 분이 1948년에 『환단고기』 원본을 가지고 평안도 삭주에서 내려와 전국을 돌다가 60년대 초에 대전시 중구 대흥동에 정착해서 제자들을 가르치기 시작했습니다.

한암당 이유립李裕岦(1907~1986)

이유립 선생은 고성이씨固城李氏로『단군세기』를 지은 행촌 이암 선생,『태백일사』를 지은 이맥 선생의 후손입니다.

이 고성이씨 문중은 우리 한민족뿐만 아니라 지구촌 인류 역사의 근원을 바로 세워주는『환단고기』역사서를 우리 민족에게 전해준 가문입니다. 지금 이곳에 고성 이씨 성을 가지고 계신 분이 있다면『환단고기』를 누구보다도 사랑하시고 제대로 읽어보시기 바랍니다. 고성 이씨 문중에는 정말로 고개 숙여 절을 해야 합니다.

또 우리 한민족의 역사, 인류 창세 역사의 근원을 볼 수 있는 천지광명의 역사의 눈을 뜨게 해준 주인공 소전거사素佺居士도 우리는 영원히 잊지 못할 것입니다.

고성固城 이씨 문중은
한민족과 인류 역사의 근원을 바로 세우는
『환단고기』탄생과 전수에 공헌한 제1의 가문

이암李嵒 「단군세기」 저자 ▶ 이맥李陌 「태백일사」 저자 ▶ 이기李沂 『환단고기』 감수 ▶ 이유립李裕岦 『환단고기』 공개

『환단고기』와의 인연

제가『환단고기』와 인연을 맺은 것은 이렇습니다. 10대 때 저희 집에, 한암당 이유립 선생님이 학생들을 가르치기 위해 가리방을 긁어 백노지에 등사를 해서 만든, 작은 잡지 아닌 잡지가 몇 권씩 굴러다녔는데 그것이 바로 〈커발한〉이었습니다. 이 〈커발한〉을 보면서, '이 속에 뭔가 있긴 있는데, 커발한이 무슨 뜻일

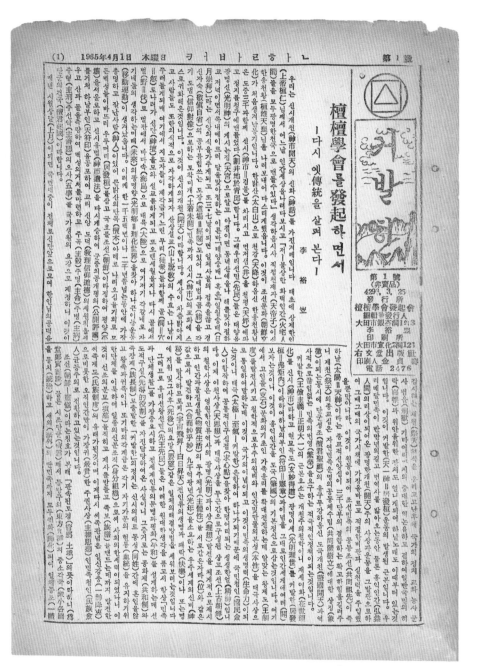

〈커발한〉 제1호(1965년)

까?' 하고 생각해보았습니다.

사실 우리 한국 사람들은 '커발한'의 의미를 전혀 모르고 있습니다. 단군왕검의 역사도 신화로 부정하는데 더 말해 무엇하겠습니까? 그런데 이 '커발한' 속에는 하늘과 땅과 인간이 하나 되는 진리의 비밀, 역사의 도, 그 모든 것이 다 들어있습니다.

그러면 '커발한'이란 무엇일까요? 바로 환웅천황입니다. 환국 말기에 삭의천하數意天下, 동방 개척의 꿈을 자주 품으시고, 배달 나라를 창건하신 제1세 환웅천황의 호칭이 바로 '커발한居發桓'입니다.

저희 아버지가 아마도 한암당 이유립 선생과 어떤 친교 관계가 있어서, 저희 집에 〈커발한〉이 여러 권 굴러다녔던 것이고, 그것을 읽으면서 '고조선은 삼한으로 구성되어 나라가 셋으로 운영되었고, 만주, 북경, 저 아래 산동성, 그 아래까지도 본래 우리 땅이고 우리 문화권이라는 것, 그리고 『환단고기』에 대마도와 구주九州(큐슈)는 본래 우리 땅이라고 못을 박아놨다는 것'을 알게 되었습니다.

그 후 20대 때, 연대로는 1980년대가 넘어서면서 『환단고기』 원본을 읽게 됐습니다. 사실 제가 누구 말을 일방적으로 듣거나, 귀가 얇아 한쪽으로 휩쓸리는 성격이 아닌데 진실로 그것이 진리일 때는 무릎을 꿇습니다. 그런데 한 40년 정도 『환단고기』를 접하고 더 나아가 실제 우리 역사에 전해 내려오는 문서, 중국에서 나오는 사서, 일본 사서, 또 서양의 역사서, 주요 사서들을 철저하게 따지면서 『환단고기』 역사를 진실로 받아들이게 되었고, 무릎을 꿇게 되었습니다.

『환단고기』를 제대로 읽기 위한 마음 자세와 심법

『환단고기』! 이 책을 전해주신 다섯 분은 사실 당대 왕조사에서 최고의 지성인들입니다. 그리고 이 『환단고기』는 정말로 천하의 명문입니다. 종교와 철학과 동서 우주 사상이 담겨 있고, 또 중간중간에 아름다운 시와 지구촌 동서 인류 문화의 원형 사상을 들여다볼 수 있는 소중한 문서입니다. 따라서 그냥 무슨 만화책이나 잡지를 읽듯 그렇게 훌렁훌렁 소홀히 읽어서는 안 되는 소중한 책으로 우리가 가슴에 끌어안고 제대로 읽어야 합니다.

『환단고기』의 결론은 결국 심법을 전수하고, 역사의 도를 전수하는 데 있습니다. 보통 우리가 불가에서, 유가에서, 또는 서교의 잠언에 보면 '무릇 지킬만한 것보다 네 마음을 지키라'는 말이 있습니다. 생명의 근원이 마음에서 나며, 마음으로부터 비롯된다는 것인데, 『환단고기』는 진리를 가르치는 틀 자체가 차원이 다릅니다.

『환단고기』 서문을 보면 이런 구절이 있습니다.

환 단 상 전 지 삼 일 심 법　　진 재 시 서
桓檀相傳之三一心法이 眞在是書하니….

환국·배달·조선(환단)이 서로 전한 삼일심법이
진실로 이 책 속에 들어 있으니….

(『환단고기』「범례凡例」)

『환단고기』 속에는 삼일심법三一心法이 들어 있다! 그냥 일심, 원 마인드one mind가 아닙니다. 하나 속에 우주 진리의 전개, 셋이 들어있다는 것입니다. 그래서 하나 속에 들어있는 셋을 볼 수 있을 때, 이 우주와 진정으로 하나 될 수 있는, 하늘땅과 모든 인간과 하나가 될 수 있는 그런 일심을 얻을 수 있다는 것입니다. 그 일심이 삼일심법이라고 주장하고 있습니다. 삼일심법! 이 삼수문화三數文化 말입니다.

우리가 『환단고기』를 대할 때, '진정으로 고전을 어떻게 대해야 하는가?'를 먼저 생각해야 합니다. 『환단고기』는 우리가 한평생 옆에 두고 보면서 깨달음을 얻어야 하는 대도서大道書인 것입니다.

4대 문명의 근원이 되는 제5 문명, 홍산문화

이제 세 번째 주제로, 한민족사뿐만 아니라 서양문명의 근원이자 동서 지구 문명의 근원인 홍산문화에 대해서 한번 총체적으로 정리해 볼까 합니다.

동서 4대 문명의 근원이 되는 제5의 문명이 발굴되었습니다. 소위 '홍산문화紅山文化'라고 합니다. 홍산문화 유적지를 들어가서 보면 동서 거석문화의 원형인 피라미드 문화가 있습니다. 소위 총묘단塚廟壇이 나왔습니다. 무덤[塚]과 제단[壇]과 여신을 모시는 사원[廟], 이 세 가지가 한꺼번에 나온 것입니다.

그런데 우리나라의 강단사학자들이, 홍산문화에서 나온 이 문화 원형의 양식을 제대로 해석하지 못하기 때문에, '홍산문화는 중국문화가 아니다! 동북아 역사문화의 주인공인 우리 한민족 조상의 문화 자체다!'라는 주장을 오늘 이 순간까지도 제대로 외치질 못하고 있는 것입니다.

홍산문화 코드의 핵심, 천원지방

그러면 홍산문화 유적지에서 나온 문화 원형의 양식, 그 문화 코드의 핵심이 무엇인지 볼까요?

무덤을 보면 돌로 석곽을 쌓아 올려 만든 적석총積石塚*입니다.

---

* 적석총積石塚 : 일정한 구역의 지면에 구덩이를 파거나 구덩이 없이 시체를 놓고 그 위에 돌을 쌓아 묘역을 만든 무덤. 청동기시대 초기의 것.

중국의 무덤은 돌이 아니라 흙을 쌓아 올린 토광묘土壙墓*입니다. 조금 있다가 단군조선에서 나간 북방 유목문화를 보면 더 놀라운 한 장면을 보게 될 텐데요, 지금의 만주와 산동성, 그리고 산동성 위쪽에서 한반도로 해서 일본으로 이 적석총 문화가 뻗쳐 나갔습니다. 그리고 동서로는 인디언 문화에까지 쭉 뻗어 나가 있습니다.

자, 무덤 양식을 볼까요. 이 **무덤**이 어떤 모습을 하고 있나요? **사각형**을 하고 있습니다, 사각형! 그리고 **제단은 원형**입니다. 이러한 형태를 '**천원지방天圓地方**'이라고 합니다.

천원天圓, '하늘은 둥글다', **지방地方**, '땅은 네모나다'는 의미입니다. 무덤 왼쪽을 보시면 사각형으로 되어있습니다. 사실 '**지방地方**'의 본래 뜻은, 땅이 '네모나다, 모가 나다'라는 뜻이 아니라 '**방정方正하다**'는 뜻입니다. 이것은 **어머니 지구의 신성, 어머니 지구의 생명성**을 상징하는 것입니다. 사각형이라는 게 반듯반듯하잖습니까?

---

* 토광묘土壙墓 : 지하에 수직으로 장방형의 구덩이를 파고 시체를 직접 매장하거나 목관을 사용하는 형식으로 청동기 말기부터 철기시대에 유행한 무덤 형식.

地方
땅은 사각형으로 방정하다.

天圓
하늘은 둥글다.

하늘의 생명성은 원만하여 모든 것을 포용합니다. 온 우주의 모든 것, 인간과 만물을 포용합니다. 살아있는 우주 자체입니다. 다시 말해서 무한한 조화를 의미합니다.

어머니 지구의 덕성은, 아버지 하늘의 생명과 그 생명의 씨를 받아서 하늘의 뜻과 이상을 그대로 순종하여 이루는 것을 말합니다. 그래서 방정하다고 한 것입니다.

여자의 참마음, 여자의 진실은 무엇입니까? 여자는, 어머니 지구를 따라서 반듯해야 합니다. 한 가정에서 어머니 여성의 마음이 삐뚤어져 있으면 그 가정은 깨집니다. 어머니 마음이 반듯하면 그 가정은 희망이 있고 내일이 있지만, 어머니 마음이 삐뚤어져 있으면 그 가정은 매우 불안하고 미래가 어둡습니다. 여자를 볼 때는 얼굴을 보지 말고 천원지방의 시각에서 봐야 합니다. 천원지방을 알고, 유전자에 각인해 넣고, 자기 마음 씀에 따라서 생활하면 얼굴이 백번 천번 달라집니다.

그런데 이 천원지방을 해석해 들어가 보면 별의별 조화로운 얘기들이 많이 나옵니다. 결론 하나만 얘기하자면, 우하량牛河梁* 의 제천단을 천원지방의 틀에서 보면 우리 동방 한민족 역사 문화권에 불교가 들어오기 전, 유교가 들어오기 전, 노자 장자의 도교가 들어오기 전, 서양의 기독교가 들어오기 이전에, 또 공자 석가 예수 성자들이 탄생하기 전에 7천 년의 역사가 더 있었다는 것을 알 수 있습니다.

이 엄청난 역사의 진실에 대해서 우리는 오늘 이 순간 다시 한

---

* 우하량牛河梁 : 중국 요녕성 능원시에 있는 홍산문화 유적지. 여신묘를 중심으로 20개의 적석총과 제단, 신석기 석성터가 발굴되어 대륙학계에 충격을 주었다.

번 각성할 필요가 있습니다. 7천 년의 역사가 4대 종교문화권 이전에 우리 문화의 근원으로서, 원형문화 시대로서 있었다는 것입니다. 또 우리는 그런 역사를 만들어 온 주인공으로 살아왔다는 것입니다.

우하량 문화의 특징, 제천문화

그렇다면 이 문화의 색깔은 무엇일까요? 한마디로 천지에 제祭를 올렸다는 것입니다. 제천祭天문화입니다. 우리 민족이 한마음이 되어 하늘에 제사를 올리고 술을 마시고 춤을 추고 노래를 부른 것입니다. 이것이 우리 한민족의 축제입니다. 그런데 지금 우리나라에는 이러한 제천문화가 다 무너져서 사라져 버렸고, 일본에 건너가서 마쯔리* 형태로 살아있습니다.

소위 제5의 문명이라 불리고, 진정한 동서 문명의 근원인 홍산문화는 한마디로 우주 문명입니다. 홍산문화에서는 천지에 제祭를 지냈

---

* 마쯔리祭り) : 원래 마쯔리는 고대 일본의 제정일치 시대에 왕이 신의 명령에 의해 나라를 통치하는 것을 의미하였다. 넓은 의미로 종교적 의례 전반을 가리키는 말로서 경사뿐만 아니라 장례나 제사, 병을 치료하는 의례, 재앙을 야기하는 신을 달래는 의례, 부정을 씻는 의례 등, 신과 인간과의 소통의 종합적인 관계를 포함하는 말이다.

습니다. 우리 인간의 삶이란 태어나 자라고 늙어 죽는, 그렇게 단순한 것이 아닙니다. 인간은 하늘땅 천지 부모와 한마음이 되기 위해서, 하나의 생명이 되기 위해서, 하나의 신성이 되기 위해서 존재하는 것입니다.

천지 광명을 추구한 홍산문화

우리 인간의 삶의 목적은 한 글자 '환桓'입니다. 오직 광명을 추구하는 삶입니다. 우리는 그런 삶을 살아왔습니다. 바로 그것을 홍산문화의 천지 제단이 보여주고 있습니다.

서양 제국주의자들이 자본주의 시장개척을 명분으로 동방 문화나 인디언 문화, 또 약소 민족국가의 문명을 파괴할 때, 역사파괴의 배경으로 삼았던 것이 '진화론'입니다. 그리고 동방의 신성神聖 문화를 전부 '무당巫堂문화다, 샤머니즘이다.'라고 주장했던 것입니다.

그런데 최근 독일의 학자 칼 바이트가 빛나는 저서를 통해서 우리가 말하는 인류 신성문화라는 것은 '블랙 샤먼이 아니라, 인류의 영성을 틔워주고 우주의 광명 그 자체가 되어 사는 화이트 샤먼이었다.'라고 밝혔습니다. '육체를 가지고 저 천상의 신의 세계를 자유자재로 왕래했던 화이트 샤먼이었다.'라는 것입니다.

『Shamans, Healers, AND Medicine men 샤먼과 치료주술사』 / 홀게르 칼바이트 Holger Kalweit 지음

In the primordial time, **the ascent took place**
not in spirit but actually **in the flesh**.
태고시절에는 영이 아닌 육신 그대로
하늘로 올라갔다.

(『Shamans, Healers, and Medicine Men』 9쪽)

그것을 오직 『환단고기』에서만 '이신시교以神施教', '대우주 조물
주 신의 가르침, 신의 생명, 신의 광명을 가지고 백성을 가르쳤다.'라
고 밝혔습니다. 그것이 바로 '신교神教'입니다.

그런데 우리는 이 '신교'라고 하는 우리의 본래 문화의 고향, 한민
족과 인류의 원형문화의 주제를 잃어버렸습니다. 그러면서 '그건 무
당이다, 미신이다.'라고 하면서 전통을 한순간에 파괴했던 것입
니다.

홍산문화는 『환단고기』로만 해석이 가능

그런데 중국은 홍산문화를 발굴해놓고는 이것을 해석할 수가
없는 겁니다. 중국 공산당 정부와 역사전문가들이 홍산문화의
주인공, 그 왕조의 실체가 도대체 무엇인지를 아무리 봐도 알 수
가 없는 것입니다. 결론적으로 말하자면 그들에게는 이것을 해석
할 수 있는 문서가 없습니다.

홍산문화의 실체는 오직 『환단고기』로만 해석이 가능합니다. 홍
산문화는 우주론의 지혜를 전합니다. '모든 인간과 살아있는 생명
의 근원은 하늘과 땅이다.'라는 것을 가르쳐주고 있습니다. 다시 말
해, 인생의 새로운 첫걸음을 뗄 때, 낡은 과거를 청산하고 밝은

내일의 희망으로 향할 때, '너희들은 언제나 생명의 근원인 천지에 대해서 새로운 마음을 가져야 한다.'라는 것입니다. 또한, '천지 부모와 한마음이 되어야 한다.'라는 것을 각성시켜주고 있는 것입니다.

홍산문화는 우리가 지금까지 생각했던 동서양 4대 문명에 대한 기존 관념을 여지없이 다 무너뜨려 버렸습니다. 홍산문화는 1차적으로는 5천 년 전부터 6천5백 년 전까지 소급해 올라가는데, 광의의 홍산문화의 문화권역으로 볼 때는 5천 년 전에서 9천 년 전의 역사 시간대까지 소급해 올라가고 있습니다. 그래서 홍산문화는 바로 지구촌 온 인류의 뿌리 문화입니다.

결론을 말하자면 인류는 한 뿌리에서 나온 것입니다. 바로 이 뿌리 문화에서 동서로 분화되어 오늘의 지구 문명을 이루었습니다. 홍산문화의 전체 틀에서 우리가 이런 소중한 교훈을 얻을 수가 있습니다.

소주제 5

동이 문화의 전파 : 인디언 문화와 수메르 문명

그다음으로 우리가 역사의 고향인 환국, 배달, 조선에서 볼 때, 중국의 '동이 문화'와 아메리카 대륙의 '인디언 문화', 그리고 '수메르 문명'에 대해서 정리하는 시간을 갖기로 하겠습니다.

중국문화의 근원, 동이

중국 사람들이 놀라운 얘기를 오래전부터 하고 있는데요, 중국인들은 동쪽에 사는 사람들을 예로부터 자기들이 부르는 별명으로 동녘 동東 자, 이夷 자를 써서 '**동이東夷**'라고 했습니다.

$$夷 = 大 + 弓$$
동이는 동방의 큰 활 쏘는 사람

이夷 자를 '오랑캐 이夷' 자로 해석하는 사람도 있습니다. 하지만 본래 이 글자는 '큰 대大' 자에다가 '활 궁弓' 자를 씁니다. '**동방의 큰 활을 쏘는 사람**'이란 뜻입니다.

중국 사람들은 자기들의 문화를 어떻게 정의를 하고 있을까요? 정말로 흥미롭고 놀라운 이야기는 무엇일까요? **중국에는 진정한 한족이 없다**고 말합니다. 란저우蘭州 대학 생명과학학원 셰샤오둥謝小東 교수는 '한漢족은 과거 한 시기의 지역적 구분에 따른 것일 뿐이고, 특정한 정의를 지닌 민족으로 볼 수 없다'고 말했습니다. 연구 결과, 중국에서 **순수 한족은 존재하지 않는다**는 사실이 밝혀졌다는 것입니다. 한족의 개념은 심지어 DNA 검사에서도 존재하지 않는다고 합니다. 다만 현재 **중국 남부지역에 거주하는 소수의 하카족客家族**을 순수한 한족이라 정의하였습니다. 이들은 고어古語를 사용하는 등 당시 중원 사람들의 문화 전통을 순수하게 계승하였고, 풍속에도 고대 한족의 흔적이 남아 있다고 합니다. 그러나 그들 역시 현재 소수 집단으로만 존재할 뿐입니다. 후야오방胡耀邦, 주더朱德, 예젠잉葉劍英 등 현대 중국 지도자를 비롯해 쑨원孫文의 부인 쑹칭링宋慶齡, 그리고 저명한 역사학자 궈모뤄郭沫若 등이 모두 하카족 출신입니다.

결론은 '**중국문화의 근원은 동이다!**'라는 것입니다. 대만학자 서량지徐亮之와 북경대 교수 엄문명이 대담을 했는데, 중국문화 역사에 대한 정의를 '<u>중국은 동이 문화다</u>.'라고 했습니다. 중국의 13억 중화 문명이 동이 문화라는 것입니다.

【 서량지徐亮之 】

대만의 역사학자. 한글재단 이사장인 한갑수 박사가 미국 공군지휘참모대학에 입교했을 당시 다음과 같은 일화가 있다. 같은 입학생인 서량지徐亮之가 한박사를 찾아와 말하기를 "귀국 한민족은 우리 중국보다 더 오래된 역사를 가진 위대한 민족인데, 우리 중국인이 한민족의 역사가 기록된 『포박자抱朴子』를 감추고 중국 역사를 조작하는 큰 잘못을 저질렀으므로, 본인(서량지)이 학자적 양심으로 중국인으로서 사죄하는 의미로 절을 하겠으니 받아달라"고 하며 큰 절을 올렸다고 한다. 그는 저서에서 다음과 같이 밝히고 있다.

1. 회색 질그릇의 문화는 동이東夷문화이다.

2. 배와 노, 활과 화살은 동이가 창시했다.

3. 중국의 역법은 동이에서 창시된 것이다.

4. 역법은 실제로 동이에서 창시되었다.

5. 동이의 음악교육은 중국 역사 이전에 있었다.

6. 황제족은 부족연맹시대 동이로 스며들었다.

7. 전욱은 동이에서 출생하였다.

8. 우순은 맥족 및 동이 도자기의 개량자이다.

9. 순(임금)은 제풍에서 출생하여 명조에서 돌아가시니 동이사람이다.

【 엄문명嚴文明 】

고고학자. 북경대학 고고학 교수. 1991년 7월에 이중재 사단법인 상고사학회 회장과의 대담이 <자유문학> 1991년 가을호에 수록되어 있다. 대담 중 내용을 보면 "내가 연구한 바에 의하면 중국민족 형성에 대한 학설은 전통적인 학설과 다르다. 중국에서는 우리 조상들이 염제신농씨에서 화하로 되어있는데, 근본적으로 그렇게 될 수 없고 동이족이 큰 줄기로서 형성되고 있다... 한국의 태극기를 보면 음양과 괘가 표시되어 있다. 따라서 나는 한국에 역사의 큰 물줄기가 흐르고 있다고 본다."라고 말하고 있다.

이 말을 간결하게 정리를 해보겠습니다.

중국의 역대 왕조에는 한족 출신의 왕이 없습니다. 중국의 역사책 『이십오사二十五史』의 첫 번째인 사마천의 『사기』를 보면 첫 페이지가 황제헌원에 대한 족보입니다. **황제헌원은 웅족熊族 출신**입니다. 정확히 말하면, **동방의 웅족 유웅씨有熊氏의 후손**입니다.

황제헌원 당시 여러 가지 갈등 관계로 인류사 최초의 대전쟁, 역사 전쟁인 소위 탁록대전이 10년 동안 지속되었습니다. 그 후로 요임금, 순임금과 하나라, 상나라, 주나라의 제왕들, 6국을 통일한 진시황도 중국학자들이 '**동이지인東夷之人**이다.'라고 했습니다. 또 그 이전에, 우리가 조금 전에 살펴봤던 태호복희씨, 염제신농씨, 치우천황 이런 분들이 다 동방의 위대한 성황聖皇들입니다. 한마디로, 중국은 전역이 다 동이입니다. 역대 모든 제왕, 마지막 왕조인 청나라의 황제들까지 전부 다 동이입니다.

황제 헌원
(BCE 2692~ BCE 2593)
황제는 "유웅국 군주의 자손(有熊國君之子)"
(『사기색은』)

동이 문화권 파괴의 기원

그런데 동이가 언제부터 오랑캐가 되었을까요? 중국인들은 언제부터 동이문화를 오랑캐문화로 몰고 파괴하기 시작했을까요? 그것은 바로 **주나라 왕조 때부터**라고 할 수 있습니다. 주나라는 그들의 문화를 근본으로 중국 천하를 통일하기 위해 산동성 위아래에 있는 모든 동이 문화권을 강력하게 공격하고, 무너뜨리고, 오랑캐로 몰기 시작했습니다.

중국 사람들이 자기들의 역사 신원을 얘기할 때, 보통 하은주 3대 왕조의 하夏에서 역사 신원을 가져옵니다. '하夏 자' 앞에다가 빛날 '화華 자'를 붙여서 '**화하華夏**', 또는 '**중화中華**'라 하고, 모두 '제諸 자'를 써서 '**제화諸華**'라고도 했습니다. 그렇게 해서 춘추전국시대로 넘어가게 되는데, 오늘에는 이 호칭을 가지고 **중화문명**, **중화중심주의**를 외치고 있습니다.

화하華夏	한漢족의 별칭. 중국 고대 3대 왕조의 '하夏'에 빛날 '화' 자를 붙인 말
제하諸夏	주나라 때 자신들의 족속을 '제하諸夏(모든 하)'라 부르며 동이족과 구별함

그렇다면 실제 **동북아 역사 주도권 전쟁**이라는 것은 무엇일까요? 그 주제가 무엇일까요? 누가 우주 광명문화의 진짜 주인일까요?

중국은 지금 자기들이 광명문화의 중심, 중화라 하고 있고, 또 일본은 자신들이 광명문화의 근본이라 하고 있습니다.

그렇다면 중국 사상의 핵심인 공자는 무엇이라고 했을까요?

공자의 손자가 저술한 『중용中庸』에서 '**중니仲尼는 조술요순祖述堯舜하시고**'라고 했습니다. 즉, '**우리 할아버지 공자는 과거 요임금과 순임금의 역사와 인륜에 대한 가르침을 근본으로 삼아 저술하였다**'라고 기술해놓았습니다.

중 니　　조 술 요 순
仲尼는 祖述堯舜하시고

중니(공자)는 요와 순의 도를 근본으로 삼아 저술했다.

(「중용」 30장)

또 『논어』에 보면 '**술이부작**述而不作**이다**'라고 했습니다. 즉, 우리 할아버지는 '**동이문화를 정리를 한 것이지 창작을 한 것이 아니다**'라고 했습니다. 동방문화를 총정리하고, 동방문화를 전체적으로 정리한 분이지 새로 만든 분이 아니라는 것입니다. 그렇게 정리한 책이 유가의 십삼경十三經*입니다.

중화주의 역사관을 경계해야

이제 우리는 중화주의 역사관에 대하여 경계심을 가져야 합니다. 왜냐하면, 지금 중국은 인구도 전 세계에서 가장 많고, 또 경제가 발전하면서, '본래부터 우리는 5천 년 역사 민족이다. 너희 미국을 10년, 20년이면 밟고 올라선다.'라는 역사적인 자부심을 가지고 있습니다.

그런 그들이 지금 우리의 고조선, 북부여, 소위 발해, 즉 『환단고기』에서 말하는 대진국, 고구려 등 모든 역사를 중화문명의 역사로 전부 집어넣고, 그 역사 유적지를 당나라니 옛날 자기들의 역사 유적 양식으로 다 바꿔놓아 버렸습니다. 그리고 중국 정부에서 전 세계의 역사 선생님들을 초청해서 유적지 이곳저곳을 다니면서 잘못된 역사를 교육하고 있습니다. 각국의 역사 선생님들이 그렇게 왜곡, 조작된 자료를 받아 자국으로 돌아가 중국의 대변인 노릇을 하고 있는 것입니다. 그 결과가 지금 나와 있는 동서양 세계역사 교과서의 왜곡 소식입니다.

인디언 문화에서 만나는 한민족의 문화 코드

인디언 문화를 직접 답사한 많은 사람들이 '인디언 문화를 보면 정말 우리 옛 문화를 보는 것 같다.'라고 합니다. 워싱턴에 있

---

* 십삼경十三經: 유교에서 가장 중요한 경서經書 13종. 『역경易經(周易)』, 『서경書經(尙書)』, 『시경詩經(毛詩)』, 『주례周禮』, 『예기禮記』, 『의례儀禮』, 『춘추좌씨전春秋左氏傳』, 『춘추공양전春秋公羊傳』, 『춘추곡량전春秋穀梁傳』, 『논어論語』, 『효경孝經』, 『이아爾雅』, 『맹자孟子』의 13종이다.

는 스미소니언Smithonian 박물관의 인디언관을 가보면 예전의 우리 시골 마을을 온 듯한 느낌입니다.

여기에는 절구통, 소쿠리, 베틀, 물레, 짚신 등 우리 조상님들이 쓰던 것과 같은 생활 도구가 너무도 많아 마치 우리 시골의 작은 동네를 옮겨 놓은 것 같습니다. 그중에서도 9천 년 전의 짚신이 발굴되어 전시를 해놓았는데, 과학적으로 연대가 측정된 것이라 하니 놀라울 뿐입니다. 그 문화의 주인공인 인디언들이 베링 해협을 타고서 3만 년 전, 1만 5천 년 전, 또는 5천여 년 전에 이 아메리카 대륙에 왔다는 것입니다.

인디언들은 동방의 한민족과 마찬가지로 어릴 때 엉덩이에 푸른 반점이 있습니다. 소위 몽골반점입니다. 인디언 문화 중에, 특

미국 스미소니언 박물관(워싱턴D.C)

히 언어에서 그들이 우리와 한 형제이고 같은 핏줄이라는 것을 알 수 있습니다.

제일 재미있게 들은 이야기가 있습니다. 영국 사람들이 아메리카에 들어올 때 인디언들한테 이것저것 물었다고 해요. 한번은 옥수수를 가리키며, "이것이 무엇인가?"라고 물으니 "콘Corn이다."라고 했다는 것입니다. 옥수수 튀긴 것을 '팝콘'이라고 하잖아요. 콘이라는 말이 원래 콩에서 왔다는 것입니다. 재미있죠? 콩에서 콘이 왔다는 것입니다.

또 LA에 있는 인디언한테서 들은 이야기입니다. 케추아Quechua

박물관에 전시된 인디언 생활도구

절구

소쿠리

짚신

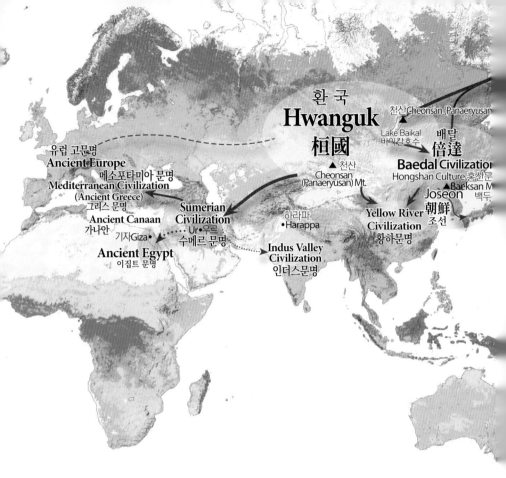

족 언어라는데요, 술을 잔뜩 마시고, 이튿날 머리가 아프다고 하
니까 뭐라고 하냐면 "추카치? 추카치?"라고 한답니다. 즉, '너 골
아파 죽겠지?' 이런 얘기입니다. 정확히는 '숙취hangover'라는 뜻
입니다. 즉, "너 지금 숙취가 있지? 뒷골 아프지? 죽겠지?"라는
뜻인데요. 그게 바로 인디언 말로 '추카치'입니다. 바로 우리말
아닙니까?

또 인디언 남자들은 결혼을 하면 상투를 틀고, 여인들은 시집
갈 때 연지를 찍고 쪽머리를 올렸다고 합니다. 그리고 아기를 낳
으면 포대기에 싸서 업고 다녔고, 구들에서 살았습니다.

그리고 점쟁이를 뭐라고 하는가 하면 '다마틴이'라고 합니다.
세계 언어학자들이 다 모여서 들어도 그 뜻을 알 수가 없는 것입

니다. 그런데 한국 사람들은 들으면 웃습니다. '다마틴이'는 바로 '다 맞힌다'라는 말이니까요. 그리고 '화가'를 '다기려'라고 했습니다. '다 그려'. 우리말과 똑같잖습니까? 그것뿐만이 아니라 지게꾼을 '다 메메'라고 했는데, '다 멘다'라는 말입니다. '다' 자를 그렇게 붙인다고 합니다.

스페인어로 껌을 '치끌레'라고 합니다. 그런데 이 말이 어디서 왔는가 하면, 이걸 씹으면 입안에 있는 찌꺼기가 다 빠지기 때문에 이 사람들이 껌을 치끌레라고 했던 것입니다. 치끌레, 찌꺼기를 전부 다 끌어낸다는 말입니다. 이것도 인디언 말이지만 한국인이라면 누구든 언어 정서로 다 알 수가 있습니다. 지구에는 어떤 문화의 고향을 가르쳐주는 모체 언어가 있다는 것입니다.

인디언 생활 문화

상투(블랙풋족)   연지(수우족)

쪽진머리   아이 업은 모습

멕시코 원주민어	한국어
다마틴이(tamatini)	다 맞히는 이(점쟁이)
다기려(tacuilo)	다 그려(화가)
내 집(nechii)	내 집
나 그 다조다(na c tazota)	나 그것이 다 좋다

중남미 유적에서 발견되는 홍산문화 코드

중남미 멕시코의 수도 멕시코시티에 있는 인류학 박물관을 보면 아주 놀라운 모습을 보게 됩니다.

멕시코 박물관에 소장된 편두 유골

이곳 인디언들이 머리를 편두偏頭를 한 것입니다. 머리 윗부분을 어릴 때 나무상자에다가 집어넣어서 누른다는 것입니다. 우리나라 경주와 가야에서도 우리 조상들이 이렇게 편두를 했습니다.

그리고 파칼왕의 유적을 보면 대부분의 한국인들이 "와, 엄청나다."하고 놀랍니다. 그 아래 계단으로 내려가면 파칼왕이 얼굴에 쓴 것을 전시하고 있는데, 홍산문화의 옥玉문화를 그대로 보여주고 있습니다. 옥으로 된 가면을 쓰고 있는 것입니다. 그리고 손가락마다 아주 큰 옥반지를 끼고 있습니다.

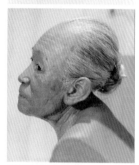

가야의 편두유골과 그 복원 모습(김해 예안리 출토)

멕시코 국립인류학 박물관(멕시코시티)

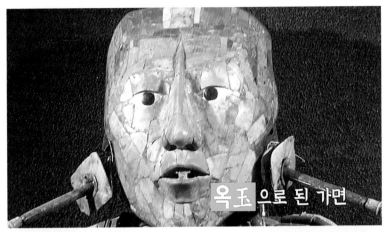

옥玉으로 된 가면

옥반지 옥팔찌 등으로 화려하게 장식

팔렝케 유적 내
파칼왕 무덤

파칼Pacal (603~683)
마야의 전성기인 고전기(3~9세기) 때의 왕

홍산문화를 들어가 보면 전부 옥문화입니다. 왼쪽은 우하량에서 나온 것인데 당시 군장君長의 유물을 보면 전부 옥입니다. 머리 위에 상투를 틀었는데, 상투를 틀고 그것을 고정시키는 옥고玉箍가 머리맡에 있습니다. 그것을 알면 바로 제5의 문명, 창세문명의 실체를 다 아는 것입니다.

옥으로 치장한 홍산문화 군장
머리에는 상투에 덧씌웠을 옥고玉箍가 놓여 있다.

동방의 옥문화가
마야문명에서도
고스란히 나타난다.

우하량 제2지점 21호 무덤(5,500년 전)

마야 파칼 왕(7세기)

【 옥고玉箍 】

옥고의 '고箍'는 '테 두를 고' 자로, 흐트러진 상투머리를 싸고 묶어서 고정시키는 장신구를 말하는 것으로 한국에서는 상투관 이라 한다.

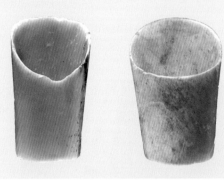

용봉과 도깨비 문화를 그대로 간직한 마야 문명

7세기 마야의 파칼왕은 옥으로 몸을 도배했습니다. 그런데 이 양반의 석관을 보면 여기에 더 놀라운 동방문화의 원형이 새겨져 있습니다.

석관의 제일 위에 '천상의 새celestial bird', 봉황새가 있습니다. 그 아래에는 '천상의 용sky dragon', 머리가 둘인 용이 있습니다. 그리고 그 아래에는 도깨비 같은 형상이 있습니다. 이것이 바로 **동북아의 인류 창세 원형문화의 코드**입니다.

우리 한국의 강단사학자들이 우리 문화의 근원을 해석할 수 있는 우주론에 대한 이해가 짧아서 원형문화의 핵심 코드인 천지 음양사상과 그 상징물을 제대로 읽지 못합니다. 때문에 지금 '홍산문화가 우리 문화다. 바로 고조선 이전의 배달문명이다. 그 이전의 환국문화다!'라고 당당히 외치지 못하고 있는 것입니다.

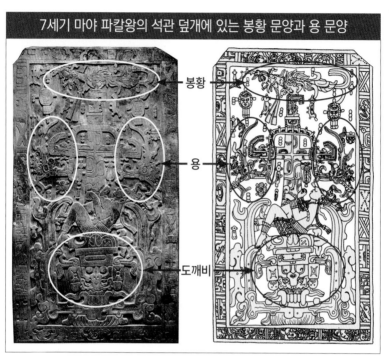

7세기 마야 파칼왕의 석관 덮개에 있는 봉황 문양과 용 문양

봉황

용

도깨비

마야인들도 용봉문화를 가지고 있었다.

달 피라미드
멕시코시티 북동쪽의 테오티우아칸

인류 원형문화를 간직한 간직한 동서양의 유적과 문화코드

소주제6
중국의 동이문화와 인디언, 수메르 문명(2)

이스라엘과 일본의 뿌리 역사 왜곡

자, 그러면 이제 서양문명의 근원인 수메르 문명을 살펴보면서 오늘 말씀을 크게 한번 정리해 보겠습니다.

일본은 자국의 문화 조국인 백제가 망하고 나서 자신의 역사를 조작하기 위해 친정집 백제와의 관계를 청산하고, 712년에 첫 번째 역사책인 『고사기古事記』를 만들고, 8년 뒤인 720년에 『일본서기』라는 역사책을 만들게 됩니다. 여기에서 일관되게 주장하는 것은, 일본이 한반도의 문화 조국과는 전혀 관계없이 일본 열도에서 독자적으로 만들어져 '만세일통萬世一統'으로 역사가 한 번도 끊어지지 않고 내려왔다는 것입니다.

그런데 그 내용의 첫 출발점을 살펴보면, "우리 문화의 시작은 바로 삼신三神이다. 신교神教다." 이런 얘기를 하고 있습니다. 이것은 바로 『환단고기』의 역사 주제이면서 동시에 홍산문화의 역사

지중해 / 티그리스강 / 유프라테스강 / 수메르

수메르Sumer

메소포타미아(지금의 이라크 남부)의 최고最古 문명

주제입니다. 그런데 그들이 그것을 얘기하고 있습니다.

건 곤 초 분 삼 신 작 조 화 지 수
乾坤初分 參神作造化之首

하늘과 땅이 처음 나누어질 때 삼신이 만물창조의 시조가 되었다

(『고사기』)

일본이 자국의 역사문화 조국의 뿌리를 제거했듯이 이스라엘 민족도 똑같이 기독교, 유대교, 이슬람 문명의 근원, 즉 자기네 역사의 근원을 다 잘라내 버렸습니다. 그 근원이 바로 **수메르 문명의 역사**입니다.

기독교를 신앙하는 분들은 평생을 살면서 수메르에 대해서 한두 번은 다 들어보았을 것입니다.

「구약」의 창세기 모세 5경을 보면, 그 역사의 핵심이 무엇입니까? 결론은, '**아브라함의 무리가 동방 환국에서 왔다**'는 것을 고백하고 있다는 것입니다. 우리나라 사람들이 지금도 이스라엘을 자랑삼아 얘기하고, 유대민족의 가정교육이나 가족제도, 또는 태교나 그들의 신앙문화를 이야기하고 있지만, 이스라엘은 실제 국가 건설의 역사와 그 과정을 보면 초라하기 그지없습니다.

흔히 아브라함의 시대를 거창하게 얘기하지만, 약 4,100년 전의 역사를 보면 그때는 국가가 아니라 부족사회입니다. 자기 친족들 몇 명과 함께 보따리 싸들고 떠돌아다니던 작은 집단이었습니다.

그런 그들이 어디서 왔는가 하면, 아브라함은 본래 지금의 이라크 남부 땅 갈데아 우르에서 아버지 데라를 따라서 저 북쪽 하

란으로 이민을 갔다가 거기서 다시 보따리를 싸들고 지금의 가나안, 이스라엘 땅으로 들어갑니다.

그 역사를 아무리 봐도 4,000년, 많아야 4,100년을 넘을 수가 없습니다. 그리고 이민족의 침략을 받다 보니 도저히 살 수가 없어서 마지막 사사士師인 사무엘이 하늘에 절규를 합니다.

"하나님이시여, 우리에게 왕을 세워주소서." 그래서 사울이 첫 번째 왕이 되고, 2대가 그 유명한 다윗이고, 3대가 솔로몬입니다. 그러나 솔로몬은 성전을 너무 호사스럽게 지어 결국 하나님의 심판을 받고 맙니다. 그리고 나라가 망하면서 둘로 나눠집니다.

그 사울의 역사가 3천 년 전의 역사입니다. 그렇게 몇백 년 지속되다가 로마의 속국이 되고, 결국 2천 년 전에는 이스라엘이라는 나라가 해체되어 버립니다. 그 후 그들은 2천 년을 떠돌아다녔습니다.

그러면 실제로 이스라엘이라는 국가는 천년이 안 되는 것입니다. 그들 역사의 시작이라는 것이 우리 한민족의 역사로 보면 단

아브라함은 수메르의 우르(지금의 이라크 남부)에서 가나안(지금의 팔레스타인 지역)으로 이주하였다.

군조선의 중기 정도입니다. 중국 역사의 하상주에서 주나라 역사가 시작하던 그 무렵입니다.

우리가 유대역사, 이스라엘의 민족사를 위대하게 말하는 것은 그들이 역사를 보존하고, 그들의 신앙의 혼을 불굴의 의지에 담아서 자손들에게 전해줬기 때문입니다.

다시 돌아가서, 과연 이스라엘 민족은 어디서 왔을까요? 결론은 수메르입니다. 오늘날의 이라크 남부에서 왔습니다. 노아의 홍수, 에덴의 이야기가 전부 지금의 중동 이라크 남부, 즉 티그리스강과 유프라테스강 유역을 중심으로 하고 있습니다.

그러면 수메르 사람들은 누구일까요? 지금으로부터 약 6천 년 전에 왔다고 하는데, 과연 어디서 왔을까요? 수메르 문명은 어떻게 생겨난 것일까요? 이점이 서양의 지성인들, 역사가들 또한 정말로 알고 싶어 하는 부분입니다.

인도 원주민 문화를 밀어내고 약 3천 년 전에 힌두교 베다문화를 가져 온 아리안 Aryan(고귀한 사람들), 그들은 수메르 문명에서 왔다.

【 수메르 문명에 대한 가장 큰 의문 】

수메르인은 도대체 누구인가?
수메르인은 어디에서 왔는가?
수메르 문명은 어떻게 생겨났는가?

왜냐하면, 이집트 피라미드 문화의 근원도 바로 수메르이며, 인도의 원주민 문화를 밀어내고 지금으로부터 약 3천 년 전에, 지금의 힌두교 베다문화를 가져온 '고귀한 사람들'이라 불리는 아리안족도 수메르에서 왔으며, 2,500년 전의 그리스 문화도 그 근원이 수메르이기 때문입니다.

그런 의미에서 **수메르 문명이야말로 진정한 서양문명의 근원**이라 할 수 있습니다.

| 천산을 넘어온 수메르인들의 환국 문화코드 (1) |

군사부

그렇다면 과연 **수메르인들은 어디서 왔을까요?** 19세기 전후로부터 수메르 문명 지역에서 쐐기문자, 점토판이 무수히 발굴되었습니다. 그것을 일부는 미국대학에서, 또는 영국에서, 불란서 루브르 박물관에서 가져다가 보존하고 연구했습니다. 거기서 나온 최종 결론이 무엇일까요? 그들 자신의 고백에 의하면, '**우리는 동방의 천산, 안산을 넘어왔다**'라고 합니다. 수메르 말로 '**안An**'은 하늘이므로, 즉 **하늘 산을 넘어서 왔다**는 것입니다.

사무엘 크레이머 박사가 쓴 『**역사는 수메르에서 시작되었다** History begins at Sumer』라는 책을 이곳 뉴욕도서관에서 빌려 읽어보았습니다. 이 책을 보면, 각 챕터가 '세계 최초의 ○○'로 되어있습니다. '세계 최초의 학교', '세계 최초의 타락 사건', '세계 최초의 의회제도' 등등, 이런 식으로 '세계 최초'라는 타이틀로 구성되어 있습니다. 그리고 그들은 60진법을 썼으며, '세계 최초의 학교'를 열고, 당시 '세계 최초의 사전'을 만들었습니다. 또 중요한 것은 학교 선생님을 '아버지'라고 불렀다는 것입니다.

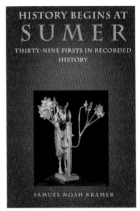

『History Begins at Sumer 역사는 수메르에서 시작되었다』 / 사무엘 크레이머Samuel Kramer 지음

쐐기문자(설형문자)로 기록된 수메르의 점토판

수메르   천산   STB 상생방송

안An = 하늘天

『사과 닦기Apple Polishing』라는, 수메르 소년의 수필이 있는데, 그 내용을 보면 이렇습니다.

"오늘 우리 담임 선생님이 집에 오셨다. 아버지가 선생님의 비위를 맞추려고 옷을 한 벌 해주셨다." 뇌물을 썼다는 것입니다. 그런데 학교 선생님을 '스쿨 파더school father'라고 부르고, 선생님은 학생을 '스쿨 선school son'이라고 부르고 있습니다. 즉, 군사부君師父 문화의 원형을 가지고 있는 것입니다.

| 수메르인들의 환국 문화코드(2) |

천자 사상과 상투문화

그리고 그들은 '안키Anki', 하늘과 땅의 천지天地 사상이 있습니다. '왕권은 천상에서 내려온 것이다.' 이런 천자天子 사상이 있습니다.

【 수메르의 천지 사상 】

$$An(안) = 天 \ 하늘$$
$$Ki(키) = 地 \ \ 땅$$

이 모든 것을 총체적으로 상징하는 4,300년 전 우리 동방 옛 조선의 초대 단군왕검 때 수메르 문명을 대통일한 아카드Akkad 왕조의 사르곤Sargon 왕이 있습니다. 그 사르곤 왕을 한번 보겠습니다. 어떤 모습을 하고 있나요?

이분이 정말로 알 수 없는 신성한 나무 앞에 서 있는데, 그 나무의 줄기가 세 줄기로 되어있습니다. 그리고 줄기에 아주 작은 세 개의 열매가 매달려 있습니다. 전부 3수로 되어 있습니다.

그리고 사르곤 대왕이 왼손에 열매를 들고 있는데, 그 열매의 개수도 셋입니다. 동방의 3수 문화, 3수 신성문화, 모든 동서양의 영성, 종교문화의 원형인 신교 삼신문화의 3수를 강조하고 있는 것입니다.

더욱 놀라운 것은 바로 **사르곤 대왕의 머리**에 있습니다. 사르곤 대왕의 머리 꼭대기를 보면 **상투**를 틀고 있습니다. 머리 위에다 동곳을 박고 머리카락을 틀어 올리는 이 상투를 지금 사람들은 옛날 우리 할아버지 때 봉건시대의 잔재로 알고 있는데, 사실 이것이 인류의 헤어스타일의 원형입니다. 여기에 인류 창세문화의 역사 비밀이 모두 들어있습니다. **시원문화 시대의 인류가 추구했던 삶의 유일한 목적이 바로 이 상투문화에 깃들어 있습니다.** 그렇건만 오늘의 한국인들은 상투문화의 참뜻이 무엇인지 전혀 모르고, 전문가들조차도 정확히 모르고 있습니다.

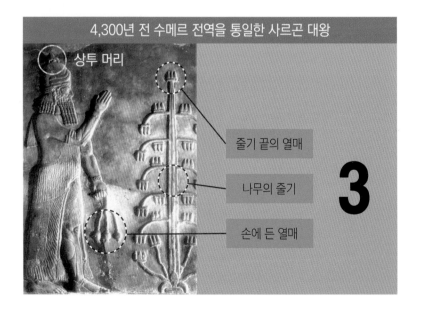

4,300년 전 수메르 전역을 통일한 사르곤 대왕

상투 머리

줄기 끝의 열매

나무의 줄기

손에 든 열매

3

놀라운 상투문화의 깊은 의미

여기 사진을 보세요. 불교를 창시한 석가모니 부처님도 상투를 틀고 있습니다.

그러면 상투란 무엇일까요? 상투의 '상上'은 '윗상 자'이며 '두斗'는 '북두칠성Big Dippers, Seven Stars'을 뜻하는 '두성斗星'입니다. 태고의 동서 인류 시원문화 시대에는 인간 삶의 유일한 목적이, 나의 육체를 받은 북녘 하늘의 별, 대우주를 다스리시는 참하나님이 계신 북두칠성과, 내 마음과 영혼과 몸이 하나 되게 주파수를 맞추는 데 있

상투를 한 석가모니

상투

인도 나가르쥬 출토

마투라시 주립박물관

필레세르 3세
(기원전 8세기)

아슈르바니팔
(기원전 7세기)

2,500년 전 상투(topknot) 스타일의 앗시리아왕들

었습니다. 그런 의미에서 상투를 튼 것입니다. 석가부처도, 중동의 모든 제왕들도 그렇게 했습니다.

상투머리가 변형된 현대의 올림머리

그런데 최근 일본에서 이 상투머리가 여성들 사이에 인기가 되고 있는데, 문화를 다 잃어버려서 상투머리를 '똥머리'라고 부르고 있습니다. 참으로 기가 막힌 이야기입니다.

유대족 유적에서 나온 동방문화 코드, 조상 제사

정리해 보면, 동방의 문화가 천산을 타고 넘어가서 수메르 문명으로 활짝 꽃이 피고, 이것이 아브라함을 통해 이스라엘로 넘어가서 지금의 유대문화가 나온 것입니다.

「구약」에 보면 가장 강력한 동방문화의 원형이 나옵니다. 아브라함과 이삭과 야곱에게 유대민족의 하나님이 항상 외치는 게 있습니다. "나는 아브라함의 하나님이요, 이삭의 하나님이요, 야곱의 하나님이다." 너무도 반복적으로 나오고 있습니다. 그럼, 왜 이것이 중요할까요?

그것은 아브라함과 이삭, 야곱의 아내들이 아기를 못 낳는 여자, 즉 '석녀'인데, 신기하게도 항상 삼신을 받아서 아이를 낳습니다. 아브라함이 어느 날 낮에 텐트에 기대어 졸고 있는데, 그때

아브라함, 삼신에게 성찬을 대접하고
아들 이삭을 얻다 「창세기」 18:1~16

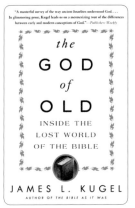

『The God of Old
옛적의 하나님』
구약의 대가 제임스 쿠겔
James Kugel 지음(하버드대
학교 구약학 교수 역임)

삼신이 옵니다. 남자 셋이 대낮에 옵니다. 그래서 고기를 내오고, 성찬을 차려서 대접합니다. 그것이 <u>삼신을 받는 예식</u>입니다.

하버드대학교의 구약의 대가 쿠겔 교수가 얼마 전에 쓴 아주 멋진 책이 있습니다. 『옛적의 하나님The God of Old』이라는 책인데요, 여기에 보면 옛날 유대족은 조상에게 제사를 지냈다는 것입니다. 무덤을 파보면 그 증거가 나옵니다. 책에 보면, 유대인들은 무덤에 구멍을 뚫고 "돌아가신 나의 어머니 아버지도 오늘 이 밥을 나와 함께 먹어야 되리라" 하며 음식을 넣어주었다고 합니다.

그리고 그들의 <u>천사장天使長</u>은 우리 동방문화에서 칼을 들고 있는 <u>신장神將</u>과 같은 개념인데, 이 문화의 원형이 우리 동방에서 나간 것입니다.

그렇게 해서 아브라함은 약속의 아들 이삭을 받게 되고 이삭은 야곱을 낳습니다. 이 야곱이 얍복강*에서 본래 이스라엘 원주민이 믿던 '엘신'이라는 하나님과 영적 씨름을 하여 이겨버립니다. 그래서 '엘신을 이긴 자', 즉 '이스라엘', 이것이 나라 이름이 된 것입니다.

이스라엘 역사에서 3대 가족사를 보면, 지금 헤브론 동굴에는 할아버지와 아들과 손자, 아브라함과 이삭과 야곱을 한 곳에 모시고 있습니다. 3수 신앙이 이처럼 위대하고 절대적인 것인데, 그 원 고향인 우리 한민족은 역사 뿌리를 다 잃어버려서 3수 신앙이 다

헤브론Hebron 동굴

아브라함, 이삭, 야곱
3대가 묻힌 가족묘

1대 아브라함

3대 야곱

2대 이삭

부서져 버렸습니다. 오히려 중동의 이스라엘 유대민족이 이 동방의 3수, 삼신문화의 원형을 가장 강력하게 보존하고 있습니다.

동서 문화를 보편사의 시각에서 볼 때 이렇게 3수 문화가 있습니다.

피타고라스의 고향,
사모스 섬을 통해 유럽에 전파된 동방의 삼수 문화

영국의 유명한 지성인 화이트헤드는 미국에 와서 하버드대학에서 철학 교수로 생을 마감했습니다. 그분의 저서 중 『과학과 근대세계Science and the Modern World』(1925년)에 이런 내용이 있습니다.

"**서양문명은 피타고라스로부터 끊임없는 영감을 받아왔다.**" 즉, 인류의 근대문명이라는 것은 고대 그리스의 수학자이자 철학자인 피타고라스로부터 끊임없는 영감을 받아왔다는 것입니다.

'도대체 피타고라스, 그는 누구일까?' 그것이 궁금해서, 지난 2002년 초에 그의 고향을 찾아간 적이 있습니다. 피타고라스의 고향은 에게해 동쪽의 터키에 인접한 사모스라는 조그마한 섬입니다. 섬 남쪽에 있는 피타고라스의 고향 피타고리온 항구의 해변에 삼각형 모양의 길쭉한 콘크리트 방파제가 있습니다. 그 끝쪽에 직각삼각형 구조물과 하나 되어 하늘을 가리키고 있는 피타고라스 동상이 있는데요, 동상을 받치고 있는 기단에 아주 놀라운 글귀가 새겨져 있었

화이트헤드 A.N. Whitehead
(1861~1947)
영국 출신의 철학자. 미국 하버드대학으로 옮긴 후 유기체 철학을 완성함.

습니다.

"숫자 3은 우주의 중심수다. 이 대우주라는 것은 3수로 이루어졌다."

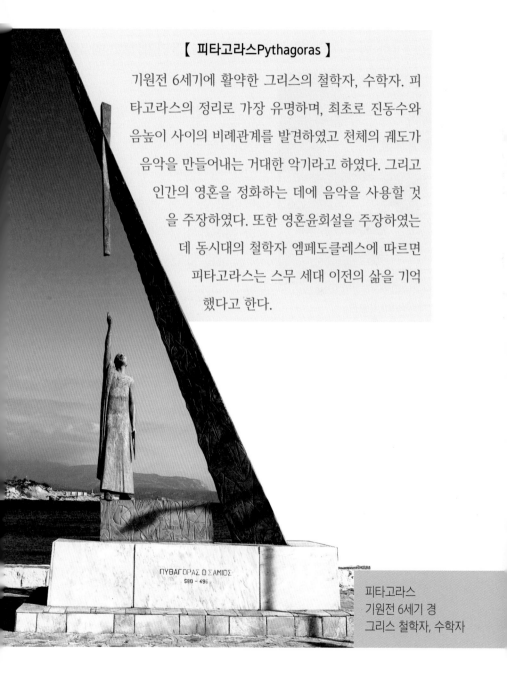

피타고라스
기원전 6세기 경
그리스 철학자, 수학자

피타고리온 항구에서 차를 타고 섬을 가로질러 고개를 넘어 가면 반대편에 사모스 섬에서 가장 큰 도시인 바씨Vathi항이 나옵니다. 항구에서 가까운 곳에 바씨박물관Archaeological Museum of Vathi이 있는데요, 예전에 왕자가 사재를 털어서 만들었다고 하는 조그마한 박물관입니다. 그런데 2층으로 올라가 보고 참 많이 놀랐습니다.

사모스섬의 바씨Vathi 박물관

왜냐하면 거기에 동방의 신비의 새, 천상의 새가 있는 것입니다. 그곳 사람들이 소위 '그리핀griffin' 이라고 부르는 봉황새 조각들이 꽉 들어차 있었습니다.

동방의 용봉문화에서 하늘에서 물을 다스리는 신수神獸는 '용'이

그리핀(Griffin)
동양의 봉황새와 같은 그리스 신화에 나오는 신비의 새

고, 불기운을 다스리는 신수는 '봉황'이라고 합니다. 그런데 그리스 남부 에게해의 크레타섬에 있는 4,500년 전의 미노아 문명의 상징인 크노소스 궁전에, 그 왕의 보좌 뒤 벽에도 봉황새인 '그리핀'이 그려져 있습니다. 피타고라스의 고향 사모스섬을 하나의 관문으로 해서 동방의 3수 문화가 서양문명에 전수된 것입니다.

3수 문화로 이루어진 환국, 배달, 조선의 삼성조 시대

자, 오늘 말씀을 총체적으로 정리를 해볼까요.

결론부터 말하면, 우리 한민족과 인류의 창세 시원역사의 계보, 즉 환국−배달−조선의 삼성조 시대가 3수 문화를 근거로 형성되었다는 것입니다. 이 문화의 틀이 이미 고고학적 발굴을 통해서 세상에 밝혀졌고, 한민족과 인류의 시원역사를 총체적으로 드러내주는 유일한 사서인 『환단고기』를 통해 분명히 밝혀졌습니다. 환

왕의 보좌 뒤 벽의 그리핀
(크레타섬 미노아문명 크노소스 궁전)

국, 배달, 조선! 이 역사는 역사관이 다르다 해도, 식민사학을 가지고 한평생 밥을 먹었다고 해도 결코 부정할 수가 없습니다.

환국은 지금으로부터 9,210년 전에 시작된 인류 최초의 국가로, 3,301년 동안 일곱 분의 환인천제의 통치 아래에 지속됐습니다. 중앙 아시아의 천산天山을 답사해보면 또 다른 충격을 받게 됩니다. 이 환국이 천산의 동쪽에 위치했으며, 그 강역이 남북 5만 리, 동서 2만 리로, 열두 개의 나라로 구성되어 있다는 것입니다.

신시배달은 총 열여덟 분의 환웅천황이 1,565년 동안 나라를 다스렸습니다. 지금 50세 이상 되신 분들은 어릴 때 '반만년 배달민족', '배달겨레', '배달의 역사'를 외쳐봤을 것입니다.

그렇다면, 우리 한민족의 동방 역사의 출발점이 '백두산 신시의 배달로부터 시작되었다'고 하는데, 과연 배달이 나라 이름일

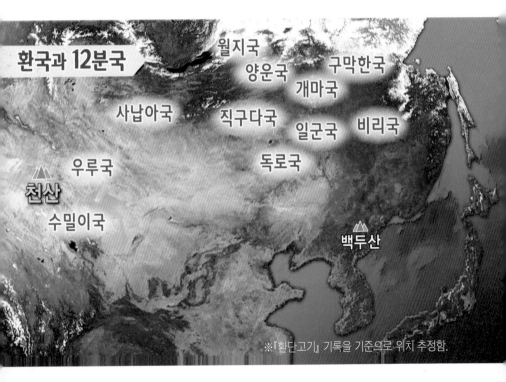

환국과 12분국

월지국
양운국   구막한국
개마국
사납아국   직구다국   비리국
일군국
우루국   독로국
천산
수밀이국   백두산

※『환단고기』 기록을 기준으로 위치 추정함.

까요? 민족 아이덴티티identity를 얘기하는 것일까요? 궁금할 것입니다.

맞습니다! 배달은 나라 이름입니다. **국조 거발환 환웅천황이 건설한 동방 한민족의 첫 번째 국가, 한민족사의 첫 번째 나라가 바로 '배달(밝달)'입니다.**

우리가 붉은 악마의 원조로 알고 있는 치우천황은 바로 배달국의 14세 환웅으로, 본래 호칭은 '**자오지환웅**慈烏支桓雄'인데 중국 사람들이 '치우蚩尤'라고 불렀습니다. 이는 본래 나라 이름이 '배달'인데 중국 사람들이 우리 민족을 '동이'라고 부른 것처럼 '**자오지환웅'을 '치우'라 부른 것입니다.**

사마천의 『사기』 첫 페이지를 보면, 중국인들이 역사 조작을

치우견비총蚩尤肩脾塚(중국 산동성 거야현)

어떻게 했는지 볼 수 있습니다. 사마천은 '황제헌원이 치우를 잡아 죽였다'고 했습니다. '금살치우', '치우를 잡아 죽였다.' 그렇게 역사를 뒤집어 놓은 것입니다.

그러나 중국의 역사 현장에 가보면 전혀 사실이 아니라는 것을 확인할 수 있습니다. 탁록에 있는 언덕에 올라 벌판을 바라보면, 치우천황이 기병대를 끌고 와 황제성을 습격한 곳을 볼 수 있습니다. 중국의 탁록시 정부에서 그곳에 팻말을 박아놓았습니다. '여기가 치우의 군대가 와서 주둔한 성채다. 치우북채蚩尤北寨다, 치우남채蚩尤南寨다'라고 말입니다.

배달에 이어 동북아에서 가장 왕성했던 한민족의 역사인 조선시대가 이어집니다. 마흔일곱 분의 단군왕검이 정확하게 2,096년 동안 통치했습니다. 그렇게 해서 삼성조 역사의 전체 역년은 6,960

탁록
치우천황과 헌원의 대격전지

년입니다. 40년이 부족한 7천 년입니다.

그러나 일제는 『삼국유사』 「고조선기」에서 불교 역사관을 바탕으로 우리 역사를 신화로 해석한 일연스님의 주석을 빌미로 하고, 서양의 실증사관을 지렛대로 해서 우리 한민족의 7천 년 시원역사를 송두리째 거세시켜버렸습니다.

환국 3301 + 배달 1565 + 조선 2096
총 역년 年 6960년
"40년 부족한 7천 년!"

치우북채
중국 정부에서 치우천황의 성채가 있었던 곳임을 밝힘.

역사적 자료에 충실하는 동시에 사료 내용을 편견이나 선입견 등 기타 종교관에 사로잡히지 않고 끝까지 객관적으로 서술하는 방법을 포함해서, 엄격한 사료 비판과 사실(정확한 사료)에 충실한, 있는 그대로의 서술을 강조하는 역사 연구 방법론 또는 사관史觀이다. 대한민국의 실증사관은 일제강점기 당시 19세기 일본의 실증사관에 영향을 받아 형성된 한 흐름으로 사료 비교대조 및 비판·해석을 강조하는 역사연구이다. 대표적 학자는 이병도李丙燾, 김상기金庠基, 이상백李相伯 등이다. 일제강점기 당시 활약한 한인 실증사학자들은 주로 일본 대학 교육을 받은 자들로, 식민사관의 영향을 받아 민족사적인 연구가 아닌 일본의 제국주의적 학풍을 그대로 따랐다.

환국 시대 사람들의 꿈, 환桓

자, 그러면 환국은 어떤 나라였을까요?

『삼국유사』「고조선기」를 보면 이렇게 되어 있습니다.

서 자 환 웅   삭 의 천 하   탐 구 인 세   부 지 자 의
庶子桓雄이 數意天下하야 貪求人世어늘 父知子意하고

서자부의 환웅이 자주 천하에 뜻을 두고 인간세상을 구하고자 하거늘, 환국을 다스리시는 아버지 환인께서 아들의 이런 뜻을 아시고

(『삼국유사』「고조선기」)

'환웅이 동방 개척의 꿈을 선언하니 부지자의父知子意라, 아버지가 아들의 뜻을 알았다'라는 것입니다. <u>환국은 아버지 문화</u>입니다. <u>동서 인류 문명의 아버지 문화 시대</u>인 것입니다.

이 환국 시대를 살던 모든 사람들의 꿈이 무엇이었을까요? 바로 하늘의 광명 자체가 되는 것이었습니다. 인류의 창세문화, 한민족의 원형 문화정신을 송두리째 드러낸, 정말로 소중한 여덟 권의 책으로 구성된 『태백일사』의 두 번째 책 「환국본기」를 보면, 이때 모든 사람들이 '내가 환桓이 되었다!'고 외쳤다는 기록이 있습니다. '인개자호위환人皆自號爲桓', 사람들이 저마다 모두 자호自號, 스스로를 '나는 환이다!'라고 외쳤다는 것입니다.

인 개 자 호 위 환
人皆自號爲桓

사람들은 모두 스스로를 환桓이라 부르고

(『태백일사』「환국본기」)

『삼성기』 첫 문장이 전하는 위대한 메시지

지금의 대한민국, 한민족, 나아가 한국인의 문화를 떠나서 지구촌 모든 인간의 존엄성, 모든 인간의 역사적 사명, 이것을 정의해주는 것이 『환단고기』의 첫 번째 책 『삼성기』의 첫 문장입니다.

오 환 건 국 　 최 고
吾桓建國이 最古라

(「삼성기」 상)

첫 문장이 얼마나 간결합니까? '오환건국吾桓建國이 최고最古라.' 오환건국吾桓建國! 이 네 글자에는, 문장 안에 문장이 또 있습니다. 우리는 환이다, 오환吾桓. 나 오吾 자, 다섯 오五 자에다 입 구口 자가 있으니까 다섯 사람, 복수입니다. 그러니까 "나는 환이다.",

"우리는 환이다.", "너는 환이다.", "나도 환이다."라는 것입니다.

대한大韓의 근원이 '환桓'입니다. 지구촌 모든 인간의 아이덴티티identity가 '환桓'입니다. 우주광명 그 자체라는 것입니다.

'오환건국吾桓建國이 최고最古라.' 우리 한민족의 뿌리, 환족이 나라를 세운 것이 가장 오래되었다.

한번 따라 해볼까요. "오환건국이 최고라!", "오환건국이 최고라!"

이것을 주문처럼 읽고 다녀야 합니다. 여러분들이 어디에 가실 때, 몸이 아플 때, 마음이 우울할 때, 인간적 한계에 부딪혔을 때, '오환건국이 최고라.'를 한번 외쳐보시기 바랍니다.

『환단고기』는 우리 한민족의 첫 역사, 나아가 인류 창세 역사의 건국을 쓴 책입니다. 인류의 창세역사를 첫 문장에 이렇게 내놓은 것입니다.

그리고 이제 신神의 문제로 들어갑니다.

'유일신有一神이 재사백력지천在斯白力之天하사.'

제가 〈서울 『환단고기』 북 콘서트〉를 할 때 그 의미를 한마디 전달했는데요, 오늘은 사실 우리 한민족의 9천 년 역사 문화의 뼈대만 한번 세우고, 뉴욕의 마지막 날에 한번 쏟아내고 싶었습니다.

우리의 영원한 고향, 나아가 인류의 영원한 역사 고향인 환국, 그 아버지 나라의 통치자를 '안파견安巴堅'이라고 했습니다.

『태백일사』의 첫 번째 책 「삼신오제본기」에서는 '안파견安巴堅은 계천입부지명야 繼天立父之名也오.'라고 했습니다. '안파견은 하늘의 뜻(천명)을 받들어, 하늘의 도를 계승해서, 하늘의 도와 하나가 되어서 아버지의 도를 세웠다'라는 뜻입니다.

그래서 환국에는 전쟁이 없었습니다. 6천 년 이전의 무덤을 파보면 무기가 나오지 않습니다. 환국은 조화와 광명, 하나 됨, 신성을 추구한 역사시대였던 것입니다.

안 파 견　　내 계 천 입 부 지 명 야
安巴堅은 乃繼天立父之名也오

안파견은 '하늘의 뜻(천명)을 받들어
아버지의 도를 확립시키다'는 뜻이고

(『태백일사』「삼신오제본기」)

또한 삼신 문화와 칠성 문화가 있었습니다. 이 3과 7이 역사문화의 근원 코드입니다. 수메르 문명을 보면, 일곱 주신主神이 국가의 운명을 심판하고 하늘에 제를 지내는 것이 나옵니다.

인디언 문화에는, 미국 동부의 일리노이주에 세계에서 가장 큰 **몽크스 피라미드**가 있습니다. 사실 피라미드라고 하면 이집트를 이야기하지만, 멕시코 남부와 유카탄 반도 일대에서 형성된 마야문명의 유적지를 가보면 이집트는 아무것도 아닙니다. 이곳에서는 **거대 피라미드가 2,200개**나 발굴되었습니다. 멕시코시티 북동쪽의 테오티우아칸에는 태양 피라미드와 달의 피라미드가 있고, 또 치첸이샤Chichen Itza에 있는 1년 365일을 상징하는 **쿠쿨칸 피라미드**가 있는데, 이 피라미드는 **천원지방**으로 구성되어 있습니다.

태양 피라미드(멕시코시티 북동쪽의 테오티우아칸)

달 피라미드(멕시코시티 북동쪽의 테오티우아칸)

쿠쿨칸 피라미드(멕시코 치첸이샤)
동서남북의 계단 수는 1년을 뜻하는 365개

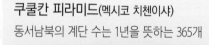

피라미드를 둘러싼 돌담은
동방의 천원지방 사상을 보여준다

몽크스 마운드 Monk's Mound (미국 일리노이주)
흙을 쌓아 만든 세계 최대 피라미드

몽크스마운드 상상도
정상의 신전 안에 일곱 사제가 모여 회의한 일곱 탁자가 있었다고 한다.
(출처: 카호키아 마운드 자료관)

이 사진은 미국 동부에 있는 **몽크스 마운드**Monk's Mound인데요, 흙을 쌓아서 만든 거대한 산처럼 생긴 피라미드입니다. 본래 **피라미드 정상에는 신전이 있었다**고 합니다. 예전에 내셔널지오그래픽인가 히스토리 채널에서 한번 나왔었는데, 신전 안에 들어가 보면 일곱 명의 사제가 앉아서 회의를 한 일곱 개의 탁자가 있습니다.

이 일곱 수의 문화가 동양과 서양에서 어떻게 마무리될까요? 서양에서는 **수메르 문명의 일곱 주신主神 사상**이 「구약」을 거쳐 「신약」으로 전해졌습니다. 「신약」의 최종 마무리편 〈계시록〉을 쓴 사도 요한이, 로마에 들어가서 전도하다가 사형 선고를 받아 끓는 기름 가마에 들어갔는데도 죽지 않습니다. 그래서 팻모스 Patmos 섬에 귀양을 보냈는데, 그곳에서 기도를 하다가 천국에 올라가 하나님 아버지 성전에 갑니다. 그런데 성전에 가보니 하나님 아버지 앞에 **일곱 개의 등불**이 있는 것입니다. 그것을 'The Seven Spirits of God, 하나님의 일곱 성령'이라고 했습니다. 이것이 성령문화의 근원이며 결론입니다. 이 일곱 수 사상이 우리 한민족의 시원 조상이 세운 인류 문명의 아버지 시대인 환국에서 천산을 넘어 전수된 것입니다.

수메르의 일곱 신 → 기독교 신약 요한계시록의 '하나님의 일곱 영Seven Spirits of God'으로 전승

환국에서 발원한 수메르 문명과 배달 문명

다시 말하지만, 유럽 문명의 근원이 환국에서 뻗어 나간 수메르 문명이고, 동방 문명의 근원이 배달 문명입니다. 올해가 환웅천황이 나라를 여신지 신시개천 5910년, 즉 배달기원 5910년입니다. 따라서 약 6천 년 전이 동서 문명 분화의 출발점인데, 바로 이 열여덟 분의 환웅천황이 나라를 다스리는 과정에서 의학의 아버지 염제신농씨가 나왔습니다. 그리고 인류 동서 철학의 아버지 태호복희씨가 5,500년 전에 신교 우주관의 핵심인 음양오행, 팔괘 문화를 창시했고, 당시에 문자와 언어, 시장문화도 나왔습니다.

의학의 아버지 염제 신농씨
5,200년 전 배달 동이족 출신

철학의 아버지 태호 복희씨
5,500년 전 신교 우주관의 핵심 '음양오행 팔괘
문화'를 창안

소주제 7
한민족 원형문화의 3대 원전,
「천부경」, 「삼일신고」, 「참전경」

환국에서는 모든 종교와 동서양의 사상, 인간론, 역사관, 우주관의 깨달음의 원전, 원형문화 경전인 81자로 된 「천부경天符經」이 나왔고, 배달국 때에는 시조 거발환 환웅천황님이 밝혀주신 삼신일체 상제님의 가르침 「삼일신고三一神誥」가 나왔습니다. 그리고 단군조선으로 들어가면서 「참전경參佺經」이 나옵니다. 원래 참전경은, 『환단고기』에 의하면 배달국 초기에 나온 것으로 정의하고 있습니다. 이 「천부경」, 「삼일신고」, 「참전경」이 바로 한민족 원형문화의 최초 3대 원전입니다. 이 세 경전을 모르면 사실 한국인이 아닙니다. 그러나 사실 「천부경」이 뭔지 알지도 못하고, 「천부경」을 한번 구경한 적도, 읽어본 적도 없다는 것이 우리 한국문화의 현주소입니다.

지구촌 인류 문명의 코드를 해석할 수 있는 지혜의 보고, 천부경

중국의 쓰촨대학 교수 주위에리朱越利의 「천부天符의 자의字義에 대한 해석」이라는 논문에서는 '천부天符'를 이렇게 정의하고 있습니다. "천부는 하늘법이다Heavenly law! 천부는 하늘의 이법이다Heavenly principle! 천부는 하나님의 명령이다Heavenly mandate!"라고 말입니다. 저는 그 논문을 보고서 정말 큰 감동을 받았습니다. 국내에는 천부경에 대해 그동안 거의 백 편을 넘나드는 논문과 책이 나와 있습니다.

천부는 하늘 법(Heavenly Law)

천부는 하늘의 이법(Heavenly Principle)

천부는 하나님의 명령(Heavenly Mandate)

주위에리 朱越利(중국 쓰촨대학四川大學 교수)
「천부의 자의에 대한 해석」 참조

일 시 무 시 일 석 삼 극 무 진 본
一始無始一 析三極無盡本

「천부경」

자, 천부경을 한번 한 글자 한 글자 읽어보도록 하겠습니다.

일시무시일一始無始一 석삼극무진본析三極無盡本 천일일天一一 지일이地一二 인일삼人一三 일적십거一積十鉅 무궤화삼無匱化三 천이삼天二三 지이삼地二三 인이삼人二三 대삼합육大三合六 생칠팔구生七八九 운삼사運三四 성환오칠成環五七 일묘연만왕만래一妙衍萬往萬來 용변부동본用變不動本 본심본태양앙명本心本太陽昂明 이렇게 쭉 나아가서 인중천지일人中天地一 일종무종일一終無終一로 끝납니다.

아침에 일찍 일어나서 창문을 다 열어 놓고 천부경을 빨리 읽으면 10초면 한번 읽을 수 있습니다. 사실 이것을 수만 번, 수백만 번을 읽어야 합니다.

천부경은 바로 우주수학 원전原典

우리 한민족은 지금으로부터 약 1만 년 전에 인간 문화 역사상 최초로 수학을 발명한 민족입니다. 우주 수학 문화의 원전이 바로 천부경입니다. 이 천부경에 대한 해석을 제대로 하면, 우리가 진정한 한국인이 되고, 동북아 역사문화의 근원은 물론 지구촌 인류 문명의 코드를 해석할 수 있는 지혜를 얻게 됩니다.

일시무시일一始無始一, 하나는 비롯됨이다. 하나에서 모든 것이 비롯됐다는 것입니다. 하늘도, 땅도, 인간도, 만물도, 우리 마음도, 내 영혼도, 내 마음도 그 근원이 일一이다, 이 일一 자에서 비롯되었다는 것입니다.

천부경의 매력은 진리를 수학으로, 수數로 상징하고 있다는 것입니다. 하나에서 비롯되었는데 이것은 시작이 없는 하나다. 이렇게 직설적으로 해석을 하면 사실 조금 낮은 해석입니다. 일시무시일은 제일 끝에 있는 일종무종일과 대구가 됩니다. 하나에서 마무리가 되는데 그것은 끝이 없는 하나다.

디지털 문명의 코드가 1과 0, 이진법입니다. 이것을 발명한 라이프니츠가 일찍이 "아, 이진법이 원래 동방에 있었구나, 그것을 발견한 분은 태호복희씨구나!"라고 깨달았습니다. 지금의 음과 양의 효爻도 그렇습니다. 태극기를 보면 양효陽爻는 작대기를 하나로 긋고, 음효陰爻은 가운데를 비우고 이렇게 갈라놓습니다. 그 문화의 원형체가 천부경에서 나온 것입니다.

라이프니츠Leibniz(1646~1716)
독일의 철학자, 수학자. 태호복희씨의 팔괘를 비롯한 주역을 익히고 이진법을 완성함.

양효(一) 음효(--)의 근원, 천부경

　마야 문명을 보면 그들이 어느 정도로 놀라운 천문학 지식을 가지고 있었는지 정말로 깜짝 놀라게 됩니다. 그 사람들은 '0'을 알고 있었습니다. 3천 년 이전에 0을 썼다는 것입니다. 마야 인들은 우리의 음양 부호(•, ─)를 가지고 숫자를 썼습니다. 1은 점 하나, 2는 점 두 개, 3은 점 세 개, 5는 작대기 하나를 긋고, 6은 거기에다 점 하나 찍고, 7, 8, 9는 점 두 개, 세 개, 네 개를 찍습니다. 그리고 0은 조개껍데기 모양의 기호로 표시를 했습니다. 이 숫자 표기 방식이 우리 동방 문화의 하도 낙서에서 비롯된 것입니다.

　일시무시일─始無始─, '1은 이 우주가 나온 조화의 근원, 우주의 광명, 조물주의 마음이요, 신성이며, 그 1은 모든 만물이 비롯된 시작인데 무에서 비롯된 1이다'라는 것입니다. 0을 무無로 상징하고 있습니다. 일시무시일, 하나에서 우주 만유가 나왔는데, 그 하나는 우주의 조화라는 것입니다. 이것은 노장老莊에서 보면 무극無極사상입니다.

그리고 **석삼극무진본**析三極無盡本, 그 무궁한 우주의 하나의 조화에서 삼극, 세 가지의 지극한 것이 열렸다는 것입니다. 우리가 진리를 생각할 때, 이 천지 안에서 가장 소중한 것을 생각할 때, 이 우주에는 세 가지의 지극한 것이 있다는 것입니다. The Three Ultimates. 그럼 **세 가지의 지극한 것**이 무엇일까요?

중요한 것은, 이 세 가지 지극한 것이 나누어져도 **무진본**無盡本이다. 그 근본, 우주의 절대 조화라는 것은 영원무궁토록 다함이 없다는 말입니다.

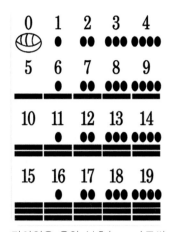

마야인은 음양 부호(●, ―)로써 수를 표시.
영(0)은 조개껍데기 모양의 기호로 표시 → 동방의 하도와 낙서에서 유래

『반야심경』에 '부증불감不增不減'이라는 말이 있습니다. 악마가 백만 명, 천만 명, 억만 명이 나와도 이 우주 조화라는 것은 쭈그러드는 것이 아니라는 뜻입니다. 착한 천사가 백만 명, 억만 명이 나와도 우주의 조화라는 것은 더 늘어나는 것이 아닙니다. 따라서 무진본無盡本, 여기에서 마음이 열려야 됩니다. 근본이 깨져야 합니다.

천부경이 정의하는 인간의 위격

이어서 천부경은 선언하고 있습니다. **삼극, 그 세 가지의 지극한 것을 선언합니다.** '천일일天―― 지일이地―二 인일삼人―三'. 인류 문화의 원형정신은 이 한 문장에서 다 끝납니다.

천 일 일 지 일 이 인 일 삼
天—— 地—二 人—三

「천부경」

천일天—, 하늘도 우주의 절대 조화의 근원을 그대로 가지고 있고, 지일地—, 어머니 땅 지구도 일 자를 그대로 가지고 있다는 것입니다. 그리고 인일人—, 사람도 우주 만물을 낳은 조물주의 생명과 신성, 광명을 그대로 가지고 있다는 것입니다.

이보다 더 중요한 것은 무엇일까요? 그다음에 나오는 '천일天—, 지이地二, 인삼人三'입니다. 왜 하늘은 1이고, 땅은 2고, 사람은 3인가 하는 포지션의 문제입니다.

하늘은 양의 근원이고 어머니는 음의 근원입니다. 1, 3, 5, 7, 9에서 1은 모든 양의 무한수의 근원이고, 2, 4, 6, 8, 10에서 2는 모든 음수의 근원입니다. 이런 해석은 가장 기본적인 것입니다.

그러면 사람은 무엇인가요? 인간이란 무엇인가요? 나는 누구인가요? 바로 천지 부모의 생명과 신성과 조화와 우주 광명을 다 합해서 나라는 인간이 성립됐다는 것입니다. 그래서 인삼人三입니다. 천일과 지이가 합해서 인삼이 된 것입니다. 인간은 이렇게 존귀한 존재입니다.

우리 동방 한민족은 신관, 인간론, 역사관, 세계관, 역사 구성의 원리, 문화 구성의 법칙을 바탕으로 우주관을 만들었습니다. 따라서 우주관을 모르면 천부경을 해석하지 못하고, 우리 한민족과 인류의 사라진 문명, 그 근원이 되는 제5의 문명 홍산문화의 전체적인 것을 제대로 들여다볼 수가 없습니다.

소주제 8
환단고기가 전하는 동북아 국제 관계

『환단고기』「단군세기」를 통해 보는 한국과 중국의 역사

고조선 문화에 대해서 한 가지를 더 정리를 해보겠습니다. 고조선은 3대 왕조 역사가 있다고 해석을 하는데, 수도를 지금의 하얼빈(송화강 아사달)에서 백악산으로, 그다음에 장당경藏唐京으로 세 번 옮겼습니다. 「단군세기」를 보면, 중국의 하나라, 상나라, 주나라와의 국제정치, 동북아의 국제 교류 관계를 자세히 볼 수 있습니다.

【 장당경藏唐京 】

『삼국유사』는 「고기」를 인용하여, 단군이 조선을 세우고 평양성에 도읍을 하였다가 백악산 아사달로 옮겨 1천5백 년을 다스렸으며, 주나라 초기에 기자箕子를 피해 장당경으로 옮겼다고 했다.

장당경의 현재 위치는 알려져 있지 않다. 조선 후기의 유학자 허목은 유주幽州(하북성 북부 및 요녕성 일대)에 있다고 하였고, 윤내현 교수는 중국의 대릉하大凌河 인근이라 주장하였다.

공자의 손자 공빈孔斌이 『동이열전東夷列傳』이라는 책에서 상(은)나라가 생겨날 때 역사의 비밀스러운 사건을 적어놨는데, 하나라의 마지막 임금인 걸桀이 아주 폭군이고 악질이라 도저히 백성들이 감당을 못해 내쫓아야만 하게 생겼습니다. 그런데 이러한 정변政變은 동방의 동이 나라에서 지원을 해주고, 군병을 보내 허락을 해줘야만 가능한 것이었습니다. 처음에는 단군왕검께서 걸에게 기회를 한 번 더 주어 개과천선을 시키려고 하였지만, 말을 듣지 않자 하는 수 없이 군대를 보내 걸을 치게 하셨습니다. 그렇게 하여 하나라가 무너지고 탕湯임금의 상나라가 세워졌습니다. 당시 단군조선의 위상과, 단군조와 중국과의 국제관계를 보여주는 대표적인 사건입니다.

그때 상나라의 재상이 요리사의 시조로 유명한 이윤伊尹이라는 분입니다. 제가 그분의 무덤을 다녀왔습니다. 이윤에게 도를 전해준 선생님이 바로 동방 조선의 11세 도해단군의 국사國師였던 유위자有爲子*라는 분입니다. 이것이 중국 역사에 다 나옵니다.

---

* 유위자有爲子 : 단군조선 시대의 대성인大聖人. 소씨蘇氏 복성시조復姓始祖인 태하공 소풍蘇豊의 14대손으로 11세 도해단군 때 국태사國太師를 지낸 소대아야蘇大亞野이다.

이윤伊尹
상나라 재상이자 요라사의 시조

이윤의 묘 하남성 상구시
이윤은 11세 도해단군의 국사國師 유위자有爲子로부터 도를 전수받았다.(「단군세기」, 「동이열전」)

흉노와 몽골의 뿌리를 밝히는 『환단고기』

더욱 놀라운 사실은, 3세 가륵단군 재위 6년에 열양의 욕살 삭정索靖을 약수 지방에 유배시켜 감옥에 가두셨다가 후에 용서하여 그 땅에 봉하시는데, 그가 바로 **흉노의 첫 조상, 흉노의 시조가** 되었다는 것입니다. 그리고 **4세 오사구단군이 아우 오사달烏斯達을 몽고리한蒙古里汗으로 봉하는데**, 그가 몽골의 첫 번째 왕이요, 지금의 몽골족이 그의 후손이라고 합니다.

흉노족의 시조	몽골족의 시조
3세 가륵단군 때	단군조선 4세 오사구단군이 아우
지방 관리 삭정索靖	오사달을 몽고리한蒙古里汗에 봉함

그러면 이렇게 말할 수 있습니다. '그거 조작된 거 아니냐? 어떻게 믿을 수 있냐?'고 말이죠.

재미있는 것은 이 지구촌의 어떤 역사문서에도 서구의 고대문명을 상징하는 서로마 제국을 무너뜨린 훈족Hun族과 흉노족의 뿌리 역사를 밝혀낸 사료가 없다는 것입니다. 오직『환단고기』「단군세기」의 3세 가륵단군조에만 나옵니다. 몽골 역사의 뿌리에 대해 언급한 문헌도 어디에도 없습니다. 이 또한 오직『환단고기』「단군세기」의 4세 오사구단군조에만 나오는 기록입니다.

사실 너무 놀라우니 믿을 수 없다고, 진실로 받아들이기 어렵다고 할 수도 있습니다. 그러나 분명한 것은, 광활한 초원을 누비며 유럽 문명을 지배한, 유럽 문명을 실제로 창조한 동방 유목문화의 근본, 그 뿌리가『환단고기』를 통해서 정리가 된다는 사실입니다.

아시아에서 유럽까지 제패한 동방 훈족
유럽문명을 지배한 유목문화의 근본이 환단고기를 통해서 정리된다.

흉노족은 원래 환국의 광명 사상을 가진 사람들

조금 더 살펴보겠습니다. 중국 사람들이 훈족에게 하도 시달려서, '저놈들은 아주 흉악한 노예 같은 놈들이다, 오랑캐다!'라고 하여 '오랑캐 흉匈' 자, '노예 노奴' 자를 붙여서 '흉노匈奴'라고 부릅니다. 흉노는 본래 '훈족'으로 '환국의 광명사상을 가지고 있는 사람들'이란 뜻입니다. 이들은 앞에서 말한 것처럼 단군조선의 후예입니다.

훈(흉노)족, 동호東胡, 오환烏桓, 선비鮮卑는
환국의 광명 사상을 가진 단군조선의 후예

자, 이 훈족 사람들이 편두偏頭를 했습니다. 그리고 말을 타고 다닐 때는 말꼬리 위에다 항상 동복銅鍑이라고 하는 청동으로 만

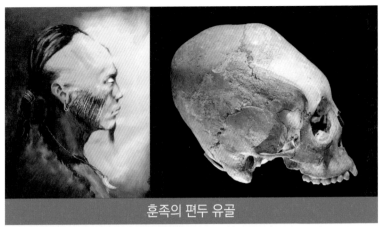

훈족의 편두 유골

훈족의 동복(청동솥, 내몽고 박물관)

가야시대 동복(김해 대성동 출토)

든 솥을 가지고 다녔습니다. 그 문화는 우리나라 고대사회에 늘 있었던 것이고, 왕이 죽으면 동복 안에 유물을 넣어서 함께 묻고 천제를 지냈습니다.

훈족도 그렇고 칭기즈칸의 몽골족도 전투를 할 때면 먼저 기 마병들이 달려가면서 불화살을 쏘았습니다. 서구 사람들이 쓴 영문 책을 보면, 불화살을 쏴서 혼을 다 빼놓아 기선을 제압했다 고 합니다.

이 훈족, 흉노족의 역사를 보면, 동흉노와 서흉노가 있었는데,

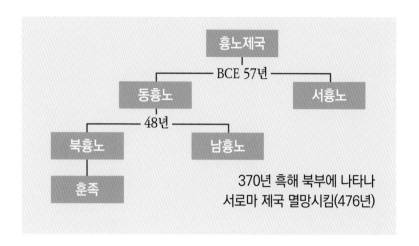

동흉노가 남흉노와 북흉노로 갈립니다. 그러고서 370년에 흑해 북부에 갑자기 북흉노가 나타납니다. 이들이 서쪽으로 이동하여 고트족과 게르만족을 정복하고, 마침내 서로마 제국을 멸망시킵니다.

그렇게 해서 프랑스 왕조, 독일 왕조를 세웁니다. 또 바이킹의 첫 번째 왕이자 시조인 아이바르스Aybars가 훈족 출신이고 몽골족의 혈통이라 합니다. 그래서 이 분야에 대해 공부를 많이 한 사람들은 <u>유럽의 왕은 훈족이 아니면 될 수 없다</u>는 농담도 하고 있습니다. 또 지금의 러시아인 러시아 공국에 가보면 지금의 러시아 왕조도 '우리는 훈족의 후예다' 이렇게 말하고 있습니다.

단군조선의 삼신 문화에서 유래한 흉노의 통치 제도

그러면 이 훈족의 조상들이 어디서 기원한 것일까요? 바로 <u>4,200년을 전후해서 단군조선에서 나간 것입니다.</u>

그럼 구체적인 증거를 좀 대보라고 할 텐데요. 훈족의 왕들이 유라시아 초원 대륙을 누빌 때, 그들이 남긴 무덤을 보면 **적석묘**積

러시아 알타이공화국 파지릭 지역의 대형고분

천원지방 형태의 파지릭 적석목곽묘

石墓입니다. 러시아 알타이공화국의 파지릭Pazyryk 지역에서 훈족 왕의 대형 고분이 발굴되었는데요, 그 형태가 외부는 원형이고 내부는 사각형의 목곽묘木槨墓로 천원지방天圓地方의 모습입니다.

더욱 놀라운 것은, 훈족 왕이 매장되어 있는 모습을 보면, 하나같이 머리를 북두칠성을 향하고 있습니다. 그것을 '칠성두七星頭'라고 하는데, 동방문화의 원형인 삼신 칠성문화를 그대로 가지고 있는 것입니다.

자, 훈족이 강력한 국가 체제를 유지할 수 있었던 근거가 무엇일까요? 지도에서 보면 알 수 있듯이 훈족은 천지일월의 아들, 천지광명의 아들이란 뜻의 '선우單于'가 중앙을 통치하고, 두 사람의 왕이 각각

흉노
북부여
우현왕 선우 좌현왕

흉노의 좌·우현왕 제도는 단군조선 삼신문화에서 유래

좌우에서 보필하였습니다. 이것이 바로 유일한 원형문화 역사서 『환단고기』에 나오는 **좌현왕·우현왕 제도**입니다. 훈족의 좌우현왕 제도는 단군조선의 삼신 문화, 즉 나라를 셋으로 나눠서[삼한] 다스렸던 삼한관경제도에서 유래한 것입니다.

흉노왕의 후손 김일제와 김씨 시조와의 관계

중국의 역사에서 보면, 진시황 다음에 한고조 유방이 흉노에게 무릎을 꿇었는데, 그의 7대손인 무제武帝가 마침내 흉노를 제압했습니다. 그때 포로로 잡힌 사람이 바로 좌현왕의 아들 **김일제金日磾**입니다. 그 사람이 워낙 인물이 똑똑하여 한무제가 비서처럼 썼습니다. 나중에 무제가 암살당할 위기에 처했을 때 김일제가 구해줍니다. 이에 한무제는 김일제를 토후로 임명하여 거대한 봉지를 떼어 주게 됩니다.

그런데 후에 김일제의 후손 가운데서 왕망王莽이란 자가 나타나서 하나라를 뺏어버립니다. 그리고 나라 이름을 신新나라로 바꾸고 급진개혁을 시도하다가 결국 패망 당하고 맙니다. 역적으

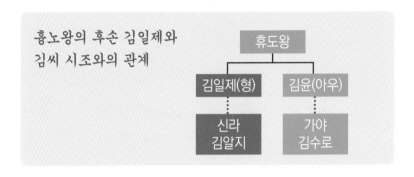

흉노왕의 후손 김일제와
김씨 시조와의 관계

휴도왕

김일제(형)　　　김윤(아우)

신라
김알지　　　가야
김수로

로 몰린 김일제의 후손들이 토벌당할 처지가 되자 바다를 건너 신라·가야땅으로 도망을 갑니다. **가야의 김수로왕이나 신라의 김알지 등 김씨의 조상들은 천지 광명문화를 가진 북방의 흉노족**으로, 그 후손들이 피난 와서 한반도에 김씨 성이 퍼지게 된 것입니다.

　지금 중국에서는 한나라 무제가 김일제에게 김씨 성을 줬기 때문에 대한민국뿐만 아니라 지구에 있는 모든 김씨 성은 김일제의 후손이라고 합니다. 그리고 신라 통일이라는 것이 사실은 북방의 훈족, 중국 사람들이 모멸에 찬 호칭으로 부르던 흉노족의 후예가 한반도 남쪽에 와서 통일을 한 것입니다.

인류 원형문화를 회복하자

역사의 근원을 다 잃어버리고 사는 한국인의 서글픈 현실

자, 오늘 말씀의 최종 결론입니다.

천부경의 문화역사 주제, 깨달음의 주제가 바로 '일시일종-始-終', 이 네 글자입니다. 하나에서 비롯되어 하나로 돌아간다는 뜻입니다. 또는 '일종일시-終-始'입니다. 이것이 모든 종교, 모든 구도자, 모든 인간 교육, 나아가 지구촌의 동서 모든 정치문화가 지향하는 최종 목적지입니다.

【 천부경의 깨달음의 주제 】

一始一終 一終一始

그러나 불행하게도 **우리 한민족은 우리의 역사와 문화의 근원을 모두 잃어버렸습니다.** 민족의 뿌리인 국조를 부정하고, 한국인이 한민족의 역사를 전혀 모른 채 살아가고 있습니다. 이것이 엄연한 우리들의 서글픈 현실입니다.

원형문화의 핵심을 가지고 있는 일본의 두 신사

일본은 우리 한민족뿐만 아니라 지구촌 동서의 **원형문화의 핵심**을 다 가지고 있습니다. 제가 일본의 문화역사 기행을 할 때, 꼭 먼저 가보라고 하는 곳이 두 곳이 있습니다. 부산에서 사이다 병을 던지면 흘러서 떨어진다고 하는, 오사카 북쪽에 있는 해변

도시 **이즈모**입니다. 한자로 '출운出雲'이라고 합니다.

　이즈모 신사에 도착하여 신사가 있는 곳의 지명이 무엇인가 물으니 '출운出雲'이라고 합니다. '나아갈 출出' 자, '구름 운雲' 자, 조화의 구름이 피어오른다는 뜻입니다. '출운'이라는 말을 듣자마자 그것이 우리 문화라는 직감이 왔습니다. 아니나 다를까 신사에 들어가 보니까 가장 먼저 거대한 금줄이 보였습니다. 저렇게 큰 금줄을 본 적이 있습니까? 장정이 가슴으로 끌어안아도 여유가 남을 정도로 커다란 금줄입니다. 그런 금줄을 걸어놨습니다. 저 신락전에 말입니다.

이즈모대사
신락전神樂殿

이 이즈모 신사는, 그 기원이 2천여 년 전으로 일본에 있는 1만 개 이상 신사의 원조라고 합니다. 물론 원래의 신사는 지금의 저런 신사가 아닙니다.

본래 이즈모 신사는, 거대한 기둥 위에다가 신전을 세워놨었는데, 신전을 받치고 있는 저 기둥의 둘레가 아무리 팔이 긴 어른이라도 잡을 수가 없을 정도로 어마어마합니다. 그런 **기둥 세 개**를 묶어서, 그 **세 개를 하나로 하여 아홉 개의 기둥**을 세운 것입니다. 이것이 바로 **천부경 문화**입니다.

그런데 일본의 명치明治정권에서 명치유신을 할 때, "이즈모는

고대 이즈모 대사의 기둥(2000년 발굴)

복원 전시 중인 기둥

동 해
독도 소유권을 주장하는 시마네현에 위치
동경
이즈모 대사
이세신궁

신전에
오르고 있는
제관

고대 이즈모 대사 복원도
48m 높이의 기둥 위에 세워진 고층 신전

조선과 가까우니 이즈모 신사를 죽이고 동경과 가까운 이세신궁을 본부로 삼아라."라고 하여 역사를 돌려놓기 시작했습니다. 이세신궁伊勢神宮에 가보면, 그들의 태양신, 여자 하나님인 아마테라스 오미카미, 즉 천조대신天照大神을 모시고 있는데요, 그 면적이 1,700만 평이나 됩니다.

아침저녁이면 제관들이 흰옷을 입고 모자를 쓰고 음식을 직접 만들어서 신에게 공양합니다. 그리고 일본에 내각이 개편되면 수상과 장관들이 제일 먼저 하는 일이 이세신궁에 와서 참배하는

이세신궁伊勢神宮
여자 태양신 아마테라스 오미카미를 주신으로 모시는
오늘날 일본의 제1신사(총 면적 1,700만 평)

것입니다.

일본이 근대역사의 과정에서 진주만을 폭격했습니다. 미국을 치려고 한 근대 역사의 힘, 동력원이 어디서 나왔습니까? 바로 이세신궁에서 나온 것입니다.

이세신궁을 참배하는 일본 각료들(2013년 10월)

아침저녁이면 제관들이
신에게 음식을 공양한다.

인류 태고시대 원형문화의 열매를 전하는『환단고기』

우리 역사의 상징이 무엇인가요? 태고문화로부터 인간은 오직 **천원지방**天圓地方, 하늘 아버지와 땅 어머니와 하나 되기 위해서 사는 것입니다.

그럼 **천지부모와 하나 된 삶**이란 무엇인가요? 그것을 이룬 것을 무엇이라 하나요? **천지부모와 하나 된 사람**을 무엇이라고 하나요? 그것을 '태일太一'이라고 합니다. 천일 지일 인일, 다른 말로 태일이라 합니다. 일본에서는 천지부모와 하나 된 사람이 되기를 열망하고, 그것을 추구하면서 민족 축제를 오늘까지도 끊이지 않고 올리고 있습니다.

잠깐 그 축제하는 모습을 보겠습니다. 축제의 주제가 '태일太一'입니다. 이러한 축제를 이세신궁에서도 행하고 있습니다. 왕궁에서 행하는 신락제神樂祭를 보면 용봉문화를 상징하는 용봉 깃대를 모시고 마쯔리를 합니다.

일본은 오늘도 마쯔리 행사에서 '태일'을 외친다.

천지부모와 하나된 삶을 사는 사람
태일太一

　제가 이세신궁에 답사를 갔을 때, 여성 사제 문화해설사한테 "태일의 뜻을 아는가?" 하고 물었더니 모른다고 하면서 다음에 배워서 가르쳐주겠다고 합니다.

　사실 이 태일문화의 원적을 제대로 아는 사람이 없습니다. 태일문화는 『환단고기』를 읽어야 알 수 있습니다. 『환단고기』를 읽어야 인류 원형문화의 궁극적인 인간론, 그 핵심을 깨칠 수 있습니다.

이세신궁의 신락제神樂祭

동방 문화의 상징 용봉깃대를 모시고 제를 행한다.

지금은 근원으로 돌아가야 하는 때

지금 우리는 **근원으로 돌아가야 하는 때**에 살고 있습니다.

우리 한민족 역사의 실체는, 결론적으로 **고대사가 왜곡 말살됐기 때문**에 근대 역사도 왜곡이 되고, 그러한 역사 해석에 대한 갈등이 더욱더 강력하게 오늘도 계속되고 있습니다. 즉 **고대사와 근대사가 동시에 왜곡**되어 있습니다.

인류 근대사의 진정한 첫 출발점이 무엇입니까? 개벽開闢입니다! 역사 개벽입니다!

이제 우주의 질서가 바뀝니다. **우주가 여름철에서 가을 우주로 들어갑니다.**

개벽! 이것이 바로 **동학東學의 핵심 주제**이며, 조선의 농민군 60만 명이 들고 일어난 이유입니다. 앞으로 가을의 새 우주가 열립니다. 이제 역사의 중심이 동방으로 오고 있습니다.

인류 근대사의 첫 출발점
동학東學의 개벽선언

그 역사의 진실을 밝힌 책을 제가 한 권 가지고 나왔습니다. 지금 LA에 계신 이홍범 박사가 미국의 하버드대학에 가서 연구를 하고 있었는데, 그 대학의 교수들이 "동학에 대해서 공부를 해서 글을 써라. 동학을 모르면 근대역사를 알 수가 없다"라고 했다는 것입니다. 그래서 이홍범 박사가 서양판 개벽 책을 써서 2007년에 나왔습니다. 그 책이 바로 이 『Asian Millenarianism아시아이상주의』입니다. 저는 이 책의 서문만이라도 꼭 읽어보시기를 권합니다.

그동안 미국 하버드대학과 그 외 모든 대학에서 동방의 역사
는 중국의 황하문명에서 나왔다고 알고 있었습니다. 그런데 이
홍범 박사가 중국의 문헌을 전부 조사해서, '5천 년 전, 만 년 전부
터 중국의 문화역사를 만든 주인공이 동이東夷다. 동방 사람이다. 고
대 한국 사람들이 중국의 역사를 직접 만들고 그 왕조를 통치했다'는
것을 밝혔습니다.

Ancient Koreans established ancient Chinese states and
the foundation of their states.

고대 한국인들이 고대 중국의 국가를 세우고 그 국가들의 기반
을 다졌다.

(이홍범 『아시아 이상주의』 22쪽)

이홍범 박사와 미국 오바마 전 대통령(왼쪽)

『Asian Millenarianism
아시아 이상주의』
(2007년, 이홍범 지음)

오바마 대통령이 이 책을 읽고 큰 충격을 받았습니다. 그래서 이홍범 박사를 백악관으로 초청하여 직접 만나 "당신은 키친 캐비닛kitchen cabinet 멤버다." 하고, "**이 책 덕분에 한국을 제대로 알고, 동북아 역사의 진실을 알게 됐다.**"라고 했습니다. 그때부터 한국의 문화와 교육을 좋아하게 되고, 언론에도 좋게 얘기를 하게 되었다고 합니다.

이제는 우리 역사 문화의 원형을 되찾아야 하는 때

결론적으로, 우리 근대역사의 출발점은 역사 개벽입니다. 일제에 의해 동학군 60만 명 가운데 30만 명 이상이 처절하게 죽고, 조선의 국모가 일본 깡패에게 난자질당해서 참혹하게 죽고, 12제국諸國이 동북아의 마지막 왕조 조선을 멸망시키려고 할 때, 마

고종은 원구단과 황궁우를 지어 상제님께 천제를 올린 후 황제의 나라로 선포하였다.(1897년)

지막 왕인 **고종**이 최후의 절규로 **"우리가 진정한 제국帝國이다. 우리가 열세 번째 진정한 제국이다. 동방의 천자의 나라다!"**라고 선포했습니다. 1897년에, 조선 호텔 옆에다 **원구단을 쌓고 황궁우皇穹宇***를 다시 세워 **천자의 나라**, 즉 **황제의 나라를 선포**하고 대한제국의 문을 열었습니다. 그렇게 해서 지금의 대한민국이 건국된 것입니다.

그러나 그 근대 역사의 출발점이 13년 만에 무너지고, 한민족의 역사가 완전히 밑둥이 잘려나가 버렸습니다. 잔혹한 일제 강점기 그리고 우리 한민족 천만 명 이산가족을 낳은 6.25 남북전쟁을 거친 후, 지금 세계 10대 열강의 자리에까지 올라섰습니다.

이제 우리는 잃어버린 창세 시원역사를 회복해야 합니다. **역사문화를 되찾지 않고서는 결코 선진국이 될 수 없습니다. 결코 우리 대한이 역사의 중심 주도국가가 될 수 없습니다.** 이 사실을 뼈저리게 인식해야 합니다.

지금까지 뉴욕에 있는 동포 형제 여러분과 함께 **우리의 잃어버린 역사의 원형을 되찾는** 머나먼 여정을 떠나왔습니다.

오늘 **'대한, 천지광명의 역사를 열다'**라는 주제로 말씀을 드렸습니다.

강연을 마무리 지으면서 드릴 말씀은, 앞으로 **우리 한민족 문화의 근원, 동시에 인류의 창세역사와 그 문화의 원형을 전해주는 유일**

---

* 황궁우皇穹宇 : 고종황제가 하늘에 제사 지낸 환구단의 부속건물이다. 황궁우는 황천상제, 곧 천신을 비롯해 지신, 그리고 해신과 달신, 별신 등 여러 신의 위패를 봉안하기 위한 건물이었다.

한 사서 『환단고기』를 우리가 좀 더 관심을 갖자는 것입니다. 이전보다 더 적극적으로 이 책을 제대로 읽으면서 동북아의 역사의 어둠을 완전히 몰아내는 자랑스러운 천지의 아들과 딸로서, 진정한 한민족으로서 거듭나기를 바랍니다. 그리하여 지구촌의 여타 사회와 마찬가지로 여러 가지 문제로 갈등하고 있는 이 아메리카를 좀 더 밝고 희망적인 새 역사로 인도할 수 있는 그런 글로벌 지구촌의 지도자가 되시기를 축원합니다.

아울러 오늘 여기에 모이신 우리 교민 여러분과 또 앞으로 역사광복운동에 참여하시는 모든 분들이 한마음이 돼서 서로 미워하지 말고, 모든 것을 포용하며 남이 잘되기를 진정으로 바라는 마음으로, 그런 천지부모의 마음과 밝은 영으로 하나가 되어 이 역사광복의 좋은 열매를 거두시기를 축원하면서 오늘 말씀을 여기서 마칠까 합니다.

천지 부모와 한마음, 한 생명이 되는 태일太一 인간의 삶! 그 태일을 다른 말로 대한大韓이라 합니다. 우리 모두가 세속의 부귀와 명예와 영광을 넘어 진정한 문화역사의 고향으로 돌아가 자랑스러운 한국인, 진정한 대한이 되시기를 축원하면서 오늘 말씀을 모두 마무리 짓겠습니다. 감사합니다.

동방 한국사의 올바른 국통맥

삼성조 시대
9218년 전

환국 (BCE 7197~BCE 3897)
7대 환인 : 3301년간(조화시대)

5918년 전

배달 (BCE 3897~BCE 2333)
18대 환웅 : 1565년간(교화시대)

4354년 전

조선 (BCE 2333~BCE 238)
47대 단군 : 2096년간(치화시대)

열국 시대
2260년 전

북부여 (BCE 239~BCE 58)
동부여 (BCE 86~CE 494)
남삼한 (BCE 194~CE 8)
최씨낙랑국 (BCE 195~CE 37)
동옥저 (BCE 56~?)
동예 (?~CE 245)

사국 시대
2079년 전

고구려 (BCE 58~CE 668)
백제 (BCE 18~CE 660)
신라 (BCE 57~CE 668)
가야 (CE 42~532)

BCE
CE

남북국 시대
1353년 전

대진(발해) (668~926)
후신라(통일신라) (668~935)

1103년 전

고려 (918~1392)

629년 전

조선 (1392~1910)

102년 전

임시정부 (1919~1945)

남북분단 시대
2021년 기준

대한민국 (1948)
조선민주주의인민공화국(1948~)

지구촌 통일문화 시대
후천 가을개벽 후 천지 광명 문화 시대

인류 창세역사와 한민족 9천년사의
국통맥을 바로 세운다

환단고기

【桓檀古記역주완간본】

『환단고기』위서론 시비에 종지부를 찍는다!

인류 원형 문화인 '삼신三神 문화' 시대의 종교, 정치, 우주관,
인간론, 통치원리, 언어, 음악, 건축 등
고대 문화 전수 비밀을 동북아 삼국(한중일)의 관계 속에서
총체적으로 밝히는 유일한 인류 창세역사 원전原典

30년 지구촌 현지답사와 문헌고증. 알기 쉽고 정확한 완역본 최초 출간!

편저 운초 계연수, 교열 해학 이기, 현토 한암당 이유립 | 안경전 역주 | 180×265 | 양장 | 1,424쪽 | 값 80,000원

누구나 쉽게 읽고 함께 감동한다
다양한 판형의 『환단고기』 10종 출간

인류의 시원사와 한민족 9천년사의
국통맥國統脈을 바로잡는
신교 문화의 정통 도가道家 역사서의 결정판!

1. 역주본 『환단고기』 : 원본 80,000원 | 축소판 58,000원
2. 현토본 『환단고기』 : 원본 20,000원 | 축소판 18,000원
3. 보급판 『환단고기』 : 23,000원
4. 『쉽게 읽는 청소년 환단고기』 : 원본 25,000원 | 축소판 15,000원
5. 『온 가족이 함께 읽는 어린이 환단고기』 : 원본 28,000원 | 축소판 18,000원
6. 포켓용 『환단고기』 : 15,000원

우리역사 문화찾기 시리즈

인류 창세역사와 한민족 9천년사의 국통맥國統脈을
바로 세우는 인류 원형문화의 원전原典

역주 완간본 환단고기

운초 계연수 편저 | 해학 이기 교열 | 한암당 이유립 현토 | 안경전 역주
180×265 | 양장 | 1424쪽 | 80,000원
(축소판 | 158×234 | 양장 | 1424쪽 | 58,000원)

일반 독자들이 『환단고기』를 쉽게 이해할 수 있
도록 풀어서 쓴 역주본이다. 역주자가 근 30년
동안 동북아를 비롯하여 지구촌 역사 현장을 직
접 답사하여 사실史實을 고증하고, 생생한 역사
현장 사진과 참고문헌, 사료 등을 수록하여 누구
도 쉽게 읽을 수 있도록 하였다.

인류의 시원사와 한민족 9천년사의 국통맥國統脈을
바로잡는 신교 문화의 정통 도가道家 사서의 결정판!

현토본 환단고기

운초 계연수 편저 | 해학 이기 교열 | 한암당 이유립 현토
190×265 | 양장 | 328쪽 | 20,000원
(축소판 | 151×234 | 양장 | 328쪽 | 18,000원)

본서는 1979년에 필사하여 1983년에 간행한 〈배
달의숙본〉『환단고기』를 저본으로 하였다. 원문을
쉽게 읽고 이해할 수 있도록 현토를 하였으며, 〈배
달의숙본〉에 수록된 이유립의 현토懸吐를 기초로
삼았다. 원문의 이해를 높이기 위하여 한자의 음과
훈, 주요 용어 및 술어를 풀이하여 실었다.

보급판 환단고기

계연수 편저 | 이유립 현토 | 안경전 역주 | 신국판 | 무선 | 576쪽 | 23,000원

마침내 '환국→배달→(옛)조선→북부여→고구려'의 뿌리
역사가 밝혀졌다! 역주완간본 본문을 새로 편집하고 해제
의 주요 내용을 간추려 누구나 쉽게 읽을 수 있게 구성했
다. 500여 쪽의 원문·번역문, 160여쪽의 해제, 역사지도 및
유적지 사진, 색인 등을 수록했다.

온가족이 함께 읽는 어린이 환단고기

계연수 편저 | 안경전 역주 | 180×230 | 양장 | 664쪽 | 28,000원
(축소판 | 162×198 | 무선 | 18,000원)

그림과 사진으로 풀어낸 대한민국의 진짜 역사

역주완간본의 번역문을 어린이의 눈높이에
맞게 풀이하고 소제목을 달았다. 또한 재미
있는 삽화와 사진을 넣고, 측주와 참고자료
등도 최대한 쉽게 풀어 썼다.

쉽게 읽는 청소년 환단고기

계연수 편저 | 이유립 현토 | 안경전 역주 | 170×235 | 양장 | 552쪽 | 25,000원
(축소판 | 147×202 | 무선 | 15,000원)

글로벌리더를 꿈꾸는 청소년들의 필독서

청소년들이 읽기 쉽게 구성했다. 역주완간본의 번역문을 모두 담고, 역주완간본 해제
의 핵심 내용과 측주, 미주, 지도, 사진 등을 알기 쉽게 간추려 편집했다.

포켓용 환단고기

계연수 편저 | 이유립 현토 | 안경전 역주 | 100×148 | 양장 | 734쪽 | 15,000원

한 손에 쏙 들어오는 작은 크기로 휴대하기에 좋다. 원문을 암송
하기 좋게 한문 원문과 번역문을 위아래로 편집하고, 어려운 한자
도 풀이하였다.

삼성조이야기-한영대역 일러스트

상생출판 만화제작팀 | 180×280 | 무선 | 104쪽 | 10,000원

현 인류의 가장 오래된 나라 환국, 동북아에 세운 한민족의 첫 나
라 배달, 47분의 단군이 다스린 단군조선(옛조선)에 대한 이야기
이다. 생활 속에서 광명을 숭상하고 그 빛을 닮으려고 애쓰며 밝
은 마음으로 세상을 이롭게 하려던 옛 선조들의 삶을 일러스트와
함께 한영대역으로 기록하였다.

STB상생방송 특강 시리즈

STB상생방송 특별기획 역사특강❶
한민족, 바다를 지배하다
윤명철 지음 | 신국판 | 양장 | 260쪽 | 18,000원

필자는 STB상생방송을 통해 '한민족의 해양활동과 대외진출사'라는 주제로 특강을 하였다. 이 책은 강의 내용을 좀 더 쉽게 가다듬은 것이다. 이제 우리 역사에 대한 통념을 수정할 때가 되었다. 반도사관을 버리고, 우리 민족의 활동무대를 만주와 한반도 그리고 한반도를 둘러싼 해양을 포함한 해류사관으로 보자. 우리의 터는 동아지중해의 심장이다.

STB상생방송 특별기획 역사특강❷
환국, 신시, 고조선조직사
이강식 지음 | 신국판 | 양장 | 256쪽 | 20,000원

본서는 환국, 신시, 고조선의 고대조직의 이론, 사상, 철학과 실천을 현대 조직학의 관점에서 분석하여 조직의 기원과 원형을 밝히고 미래 조직학의 발전을 위한 시사점을 찾고자 하였다. 경영학자 이강식교수는 신시의 주곡, 주명, 주병, 주형, 주선악이 명사로서 관명 내지 조직명이라는 것을 변증하고 있다.

STB상생방송 특별기획 역사특강❸
한문화의 뿌리를 찾아서
제갈태일 지음 | 신국판 | 양장 | 235쪽 | 20,000원

『한문화의 뿌리를 찾아서』는 천지합일을 이상적인 삶의 철학으로 생각해 온 한민족의 원천적인 패러다임을 밝힌 책이다. 한의 고대적 원형을 살펴보고 그 연원인 단군정신을 정리했다. 우리고대사를 철저히 말살한 일본의 만행을 살피고, 우리문화가 세계적 문화코드로서 후기 산업사회와 글로벌 기업들의 성공사례들을 비교한다.

STB상생방송 특별기획 역사특강❹
발해연안문명-한국 고대문화의 기원
이형구 지음 | 신국판 | 양장 | 344쪽 | 20,000원

발해연안문명은 발해를 중심으로 요동반도, 산동반도, 한반도를 품어 안은 발해연안에서 꽃피운 고대 동방의 중심문명이다. 저자는 우리나라 문화의 원류가 시베리아-몽골을 통한 전파가 아닌, 발해연안의 독자적인 문명에서 비롯됐다고 주장한다.

STB상생방송 특별기획 역사특강❺
일본 속의 백제
홍윤기 지음 | 신국판 | 양장 | 208쪽 | 20,000원

한민족의 숨결이 흐르는 일본. 반세기 동안 일본 속 한민족의 발자취를 직접 답사하고 그 실체를 생생하게 밝혔다. 우리 역사와 일본 역사를 바르게 인식하는 데 지침서가 될 것이다.

STB상생방송 특별기획 역사특강❻
다시 보는 우리민족
윤명철 지음 | 신국판 | 양장 | 263쪽 | 20,000원

저자는, 민족주의란 무엇인가, 우리 민족은 어떻게 생성되었는가, 한민족의 근원과 생성과정은 어떠했는가를 연구하고, 특히 한민족의 정체성에 대하여 비긍정적, 부정적 해석이 아닌, 기존의 문제점들을 인식하면서 한계를 극복하려는 과감한 시도를 하였다.

STB상생방송 한문화특강❶
하늘에 길을 묻다
박석재 지음 | 신국판 | 무선 | 185쪽 | 15,000원

블랙홀 박사 박석재 강의록 『하늘에 길을 묻다』. 이 책은 한국천문연구원 연구위원으로 있으면서 우리나라의 천손사상에 대해서도 함께 연구하고 있는 박석재 박사가 STB상생방송 《한문화 특강》에서 '해와 달과 별과 천손을 말하다'를 주제로 4회에 걸쳐 강의한 내용을 엮은 것이다.

STB상생방송 한문화특강❷
천부경
이찬구 지음 | 신국판 | 양장 | 263쪽 | 20,000원

천부경 81자의 역사는 천부 3인으로부터 시작되었다. 본서는 천지天地중심의 우주관이 아닌 천지인天地人 중심의 우주관으로 새롭게 해석한 '천부경' 해설서이다. 천부경은 하늘땅 사이에서 사람의 바른 자리와 바른 역할을 일러준다. 나아가 우리 민족의 올바른 진로와 인류의 방향까지 가르쳐주고 있다.

환국문화의 고향
유라시아를 가다

Korea, Russis, and the Hwanguk Civilization
A Hwandan Gogi Lecture in Moscow

동양과 서양의 근원을 동시에 밝혀주는

환국이 지금의 러시아 땅에 있었다.

러시아에는 인류 원형문화의 깨달음이 집약된

원십자(Original Cross) 문화가 있다!

러시아 역사 속에는 북녘 땅 유목문화의 혼이 흐르고 있다!

상생출판 / 안경전 지음 / 203쪽 / 韓英판

한민족 창세역사의 성지
강화도를 가다

대우주의 통치자 하느님이신 삼신상제님께
천제를 올리던 동방 한민족 제천문화의 성지

강화도는 고대사와 근대사를 아우르는

한민족의 역사성지이자

고성 이씨 문중의 역사광복의 꿈이 담긴 곳이다!

한민족의 시원 역사왜곡과 말살의 모든 주제는

삼조선三朝鮮에 있다!

상생출판 / 안경전 지음 / 220쪽 / 한글판